AF215094

Tucholsky Wagner Zola Scott Sydow Freud Schlegel
Turgenev Wallace Fonatne
Twain Walther von der Vogelweide Fouqué Friedrich II. von Preußen
Weber Freiligrath Frey
Fechner Fichte Weiße Rose von Fallersleben Kant Ernst Richthofen Frommel
Engels Fielding Hölderlin
Fehrs Faber Flaubert Eichendorff Tacitus Dumas
Maximilian I. von Habsburg Fock Eliasberg Zweig Ebner Eschenbach
Feuerbach Ewald Eliot Vergil
Goethe Elisabeth von Österreich London
Mendelssohn Balzac Shakespeare Dostojewski Ganghofer
Trackl Lichtenberg Rathenau Doyle Gjellerup
Mommsen Stevenson Tolstoi Hambruch
Thoma Lenz Hanrieder Droste-Hülshoff
Dach Verne von Arnim Hägele Hauff Humboldt
Karrillon Reuter Rousseau Hagen Hauptmann Gautier
Garschin
Damaschke Defoe Hebbel Baudelaire
Descartes
Wolfram von Eschenbach Dickens Schopenhauer Hegel Kussmaul Herder
Bronner Darwin Melville Grimm Jerome Rilke George
Campe Horváth Aristoteles Bebel Proust
Bismarck Vigny Barlach Voltaire Federer Herodot
Gengenbach Heine
Storm Casanova Tersteegen Gilm Grillparzer Georgy
Chamberlain Lessing Langbein Gryphius
Brentano Lafontaine
Strachwitz Claudius Schiller Kralik Iffland Sokrates
Bellamy Schilling
Katharina II. von Rußland Gerstäcker Raabe Gibbon Tschechow
Löns Hesse Hoffmann Gogol Wilde Gleim Vulpius
Luther Heym Hofmannsthal Klee Hölty Morgenstern
Roth Heyse Klopstock Kleist Goedicke
Luxemburg Puschkin Homer Mörike
La Roche Horaz Musil
Machiavelli Kierkegaard Kraft Kraus
Navarra Aurel Musset Moltke
Nestroy Marie de France Lamprecht Kind Kirchhoff Hugo
Laotse Ipsen Liebknecht
Nietzsche Nansen Ringelnatz
Marx Lassalle Gorki Klett Leibniz
von Ossietzky May vom Stein Lawrence Irving
Petalozzi Knigge
Platon Pückler Michelangelo Kock Kafka
Sachs Poe Liebermann Korolenko
de Sade Praetorius Mistral Zetkin

Der Verlag tradition aus Hamburg veröffentlicht in der Reihe **TREDITION CLASSICS** Werke aus mehr als zwei Jahrtausenden. Diese waren zu einem Großteil vergriffen oder nur noch antiquarisch erhältlich.

Symbolfigur für **TREDITION CLASSICS** ist Johannes Gutenberg (1400 — 1468), der Erfinder des Buchdrucks mit Metalllettern und der Druckerpresse.

Mit der Buchreihe **TREDITION CLASSICS** verfolgt tradition das Ziel, tausende Klassiker der Weltliteratur verschiedener Sprachen wieder als gedruckte Bücher aufzulegen – und das weltweit!

Die Buchreihe dient zur Bewahrung der Literatur und Förderung der Kultur. Sie trägt so dazu bei, dass viele tausend Werke nicht in Vergessenheit geraten.

Altdeutsche Novellen - Erster Band

Erster Band

Leo (Hg.) Greiner

Impressum

Autor: Leo (Hg.) Greiner
Umschlagkonzept: toepferschumann, Berlin

Verlag: tradition GmbH, Hamburg
ISBN: 978-3-8424-1468-6
Printed in Germany

Text der Originalausgabe

Verschiedene Autoren

Altdeutsche Novellen

Nach dem Mittelhochdeutschen von Leo Greiner

Erster Band

Vorwort

Der Titel »Altdeutsche Novellen« rechtfertigt sich durch seine Allgemeinheit, obgleich in den folgenden Dichtungen die ästhetische Grenze der Novelle vielfach überschritten wird. Zuweilen erweitert sie sich zu der dem deutschen Geiste sichtlich tief entsprechenden Form der Erzählung: So erscheint die Geschichte der Magelone hier in einer wenig gangbaren Fassung (Der Bussard), der Genovevastoff in einer besonders schönen, weniger dramatischen, aber um so reicheren und reineren Verarbeitung (Crescentia), das Thema zum »König Lear« ins Bürgerliche übersetzt, wodurch es zwar an tragischer Fallhöhe verliert, die Handlung sich aber um so leichter und natürlicher aus den Verhältnissen entwickelt (Der Schlegel), während die Motive zu der »Widerspenstigen Zähmung« in einer sehr eindringlichen Formulierung in der Doppelnovelle »Wie man Frauen zieht« für den späteren Bearbeiter vorbereitet liegen. Manchmal erreicht die Dichtung den Bereich der Novelle überhaupt nicht ganz und verengt sich dann zur Anekdote, manchmal wieder rückt sie deutlich in die Nähe der Ballade wie in dem weiten, trümmervollen Gedicht vom Sohne des Meiers Helmbrecht. Daneben stehen Legenden und Fabeln als mehr abseitige Spielarten.

Sämtliche Geschichten sind von ihren ursprünglichen Verfassern in Versen bearbeitet worden. Dennoch empfahl sich die Nacherzählung in Prosa schon aus äußerlich formalen Gründen: der Übersetzer hätte sonst all' die Nöte des Ausdrucks und Reimes, die den altdeutschen Autor bei der Abfassung plagten, bei einer wörtlichen Umschreibung ins Neuhochdeutsche noch einmal durchmachen und den Leser mit Langwierigkeiten und nicht zum wenigsten auch mit ungewollter Maniriertheit ermüden müssen. Zu dem schien die Prosa auch dem Zwecke dieses Buches besser zu entsprechen; jene Versnovellen waren zum mündlichen Vortrag, dieses zum Lesen bestimmt. So ergab es sich von selbst, die Art der Darstellung zu wählen, die dem Leser der Gegenwart in diesem Fall als die selbstverständlichere und natürlichere erscheinen mußte.

Leo Greiner

Adam und Eva

Jedermann weiß, wie es kam, daß Adam und Eva aus dem Paradiese vertrieben wurden. Da lebten sie nun jämmerlich, machten sich ein Hüttlein und saßen darin in großer Reue und Klage. So blieben sie sieben Tage lang, ohne zu essen, als aber der achte Tag verschied, hungerte es sie, so daß sie sich am neunten Tage aufmachten, zu suchen, womit sie sich des Hungers erwehren möchten. Aber da war nichts andres zu finden als Kraut, Laub und Gras, die auch den Tieren zur Nahrung dienen. Da sprach Herr Adam, der heimatlose, weise Mann: »Weh uns, daß des Teufels Untreue uns um das Paradies betrog, darin wir der englischen Speise genossen, und wir nun hier essen müssen, was für die Tiere ist!« Da entgegnete Eva weinend: »Adam, mein lieber Herr, gewähre, worum ich dich bitte, und nimm mir das Leben, ob Gott vielleicht dich wieder zurücknähme und ließe dich bei ihm bleiben. Denn durch meine Schuld hast du deine Freuden verloren, zu denen Gott dich erwählt hatte.« »Eva, so sollst du nicht sprechen«, sagte Adam, als er ihre Rede vernahm, »damit nicht Gott noch grimmiger an uns räche, was wir wider ihn getan haben. Laß uns lieber eine Buße auf uns nehmen, so schwer, als es unsrer Sünde geziemt, damit Gott sich gnädig unserer erbarme und uns wieder in seine Huld aufnehme. Es ist ein Wasser, das heißt Tigris mit Namen und fließt aus dem Paradiese her: da sollst du nackend hineingehn und dich auf einen Stein stellen, tief bis an dein Kinn, und während du so stehst, Gott um nichts bitten und keinen Laut der Klage von dir geben. So bleibe vierunddreißig Tage! Ich selbst aber will vierzig Tage lang die gleiche Buße im Flusse Jordan tragen, vielleicht, daß Gott uns dann wieder gnädig wird.«

Sogleich ging Eva, wo sie das Wasser Tigris fand, und tat, wie Herr Adam sie geheißen hatte. Dieser eilte indes zu dem Flusse Jordan, um unverzüglich mit der Buße zu beginnen. Jämmerlich sah sie ihm nach, als er in das Wasser stieg. »Ich bitte dich, Wasser Jordan«, begann Adam zu beten, »und die Fische, die darinnen sind, und euch, ihr Vöglein in den Lüften, und alles Getier auf Erden, daß ihr mir weinen helft und meinen großen Kummer klagen. Denn ihr seid unschuldig daran, ich bin's allein, der gesündigt hat.« Als er so gesprochen hatte und um sich blickte, sah er, daß das Wasser sein

Fließen ließ: die Tiere und die Vöglein und alle Geschöpfe halfen ihm klagen. So standen sie achtzehn Tage lang.

Das aber ärgerte den Teufel, der von je alle guten Dinge nur mit Schelsucht ansah, auf das grimmigste, denn er dachte, wenn sie so zu Ende stünden, würden sie sich zuletzt noch mit Gott versöhnen und wieder zurückgenommen werden. Er nahm daher die Gestalt eines Engels an und begab sich sogleich zu dem Wasser, in dem er Eva weinend stehen fand, begann mit ihr zu weinen und sprach arglistig: »Was stehst du hier so allein? Mich dauert dein Elend. Dein Weinen ist zu Gott gekommen, auch Adams Klage ward gehört: da baten wir Engel für euch und Gott ließ sich erbitten: nun tritt aus dem Wasser und ruhe dich aus! Denn mich hat Gott zu dir gesandt, daß ich dich zu Adam führe, und ihn auf die gleiche Weise tröste. Dann soll ich euch wieder nach dem Paradies zurückgeleiten.«

Eva glaubte ihm die Lüge, wurde von Herzen froh und stieg aus dem Wasser, wo der Teufel sie sogleich empfing. Ihre Haut war von der Kälte gebleicht wie ein falbes Kraut, ohnmächtig fiel sie zu Boden. Aber der Teufel hub sie wieder auf und führte sie sofort dahin, wo Adam in Klagen stand. Als dieser die beiden kommen sah, brach er weinend in noch heftigeren Jammer aus: »Weh dir, Eva, weh dir, weh! Du bist zum andern Mal betrogen von dem, der uns schon einmal verriet und um das Paradies gebracht hat! Erneuert ist unsre Missetat, weh über seine falsche Rede!« So quälte sich Herr Adam, Eva aber, als sie dies vernahm und erkannte, daß sie den Teufel bei sich habe, fiel vor Betrübnis zur Erde auf das Gras und rief: »Was hab' ich dir getan, o Satan, daß du uns zu jeder Stunde verfolgst? O wie brennen mich meine alten Wunden!« Und leidvoll sagte Adam: »Weh, was bist du uns gar so gram? Hab' ich dir deine Ehre genommen? Ist es durch unsere Schuld geschehen, daß du deine Herrlichkeit verloren hast?« Da seufzte der Teufel tief auf und sprach: »Wie magst du mir dies sagen? Dein ist die Schuld, wenn ich mit meinen Genossen verstoßen ward, und ich hasse dich mit Recht. Denn Gott, unser aller Schöpfer, gebot mir bei seiner Gnade, ich solle dich, den er nach seinem Ebenbilde geschaffen, daß er ihm gleich wäre, anbeten, doch ich wollte es nicht. Denn mich hat er schöner und eher geschaffen als dich, so geziemte es dir, daß du mich anbetest. Alle Engel beteten dich an, nur ich nicht. Da forderte mich Michael, der Engel hehrster, auf, mit ihnen anzubeten. Ich aber rief, die Rede wäre mir Wind und leicht möchte Gott mich erzürnen, daß ich mit meinem Throne gen Mitternacht säße und ihm gleich würde. Da ward ich auf Gottes Gebot herabgestoßen und fuhr in schauerlichem Sturz hernieder in Elend und Fremde. Sollte ich euch nun in den Freuden lassen, von denen ich vertrieben ward? So riet ich denn deinem Weibe, von dem verbotenen Obst zu essen, und betrog sie, daß sie ihre Buße verließ. Und so will ich immerdar tun und vernichte dich und dein Geschlecht.« Da weinte Adam und flehte zu Gott, er möge ihm Trost und Rat verleihen und geben, daß der Verräter ihm nicht obsiege, und befahl sein Leben und seine Seele dem Herrn. Als Gott seine Treue sah, erfüllte er ihm sein Gebet und befreite ihn von seinem Kummer: der leidige Feind verschwand und er sah ihn nie wieder. Da Adam die Gnade erkannte, wollte er an Gott nicht verzagen und stand die ganzen vierzig Tage, bis seine Buße zu Ende war. Da sprach Eva: »Freue dich, daß du nicht betrogen bist gleich mir! Denn darum will der Herr dir Freude und ewigliches Leben geben. Festige dein Gemüt und behüte dich vor jeglichem Leiden! Denn ich will nun von dir gehen, meine Schuld ist so groß, daß ich nicht wert bin, deine Genossin zu sein. So laß mich meines Endes harren!« Damit machte sie sich auf, um von ihm zu gehen. Das Scheiden tat ihnen beiden weh, sie hätten Blut weinen mögen. Sie ging und wanderte gegen Sonnenuntergang, bis ein Gewitter sie zwang, sich eine Hütte zu zimmern. Aber es fiel ihr schwer, denn sie verstand nichts davon. Sie trug ein Kind mit Kummer unterm Herzen, denn sie wußte nicht damit umzugehen. Die Zeit nahte, da sie es zur Welt bringen sollte, die Wehen warfen sie darnieder, aber nirgends war Ruhe für sie, daß es einen Stein hätte erbarmen mögen. Da rief die Freudenarme: »Oh weh, daß ich je geboren ward, um durch Schuld den Zorn meines Schöpfers zu erregen! Nun hab' ich niemand, bei dem ich Rat fände als Gott, der mich geschaffen hat! Er sende mir den Tod oder helfe mir von meinen Nöten!« Aber Gott hörte sie nicht, denn er zürnte ihr noch. Da rief sie: »Oh weh, daß ich nun niemand habe, der mir einen Trost geben möchte! So groß ist meine Schuld, alle Geschöpfe sind mir gram. Wüßt' es doch Herr Adam! Wüßt' ich, wen ich fände, es ihm zu künden, ich wollt' es ihm sagen lassen! Nun will ich euch gerne bitten, dich, Sonne, und auch euch, Sterne, wenn ihr gen Sonnenaufgang kommt, helft mir und sagt es meinem lieben Herrn, wie große Pein ich leide!«

So erhielt Adam Kunde von Evas Not. Weinend hub er sich von dannen, bis wo er sie in ihrem Jammer fand. Als sie seiner ansichtig wurde, rief sie ihm entgegen: »Adam, mein lieber Herr, nun bitte du Gott, daß er sich über mich erbarme! Vielleicht erhört er dich, denn meiner Sünde ist so viel, daß meine Bitte nichts vor ihm gilt.« Da betete Adam fleißig zum Herrn, daß er gedenken möge, wie seine Geschöpfe sich vermehrten, wenn sie ein Kind zur Welt brächte, und ihm Lob und Ehre davon erwüchse. Da tat Gott, worum er ihn bat, erbarmte sich über Eva und sandte ihr zwölf Engel, die ihr beistehen sollten. Denn da sie noch nie dergleichen erduldet hatte, wußte sie nicht, was beginnen, bis Michael sie belehrte und ihr sagte, was sie zu tun habe. Er selbst half mit der Hand dazu und hielt Eva auf der einen Seite, die übrigen Engel auf der andern Seite. Keine Kaiserin hat je so herrliche Ammen gewonnen als hier die arme Eva in ihrer Not. Sankt Michael aber sprach: »Eva, du mußt heilig sein um deines Gatten willen. Denn diesen hat Gott erkannt, daß er uns zu dir gesendet und seinen Zorn gestillt hat.« Da ward ein schönes Kind geboren, das wurde Kain geheißen, das sprang sogleich auf und lief hin und brachte ein grünes Kräutlein und gab es seiner Mutter.

Als dies sich zugetragen und so ihr Leid gewendet war, bereitete sich Adam, um mit seinem Gesinde wieder gen Sonnenaufgang zu ziehen. Michael mußte ihn lehren, wie man arbeitet und das Feld bestellt, davon die Erde heute noch trägt: er wies ihm alle Samen, unter denen sie die besten wählten, damit Adam von ihren Früchten zu leben vermöchte; er nannte ihm die Tiere und Vögel, reine und unreine, bis er alles wohl zu unterscheiden verstand. Dann segnete er die Vertriebenen und fuhr mit den andern Engeln gen Himmel.

Da begann Adam die Erde zu bebauen. Von ihm erstand ein großes Geschlecht, dreißig Söhne und dreißig schöne Töchter, die wieder viele Männer und Frauen zeugten. Er lebte neunhundertunddreißig Jahre, bis der Herr dem Tod befahl, ihn mit sich aus diesem Jammertale zu nehmen.

Der Bussard

In England herrschte einst ein König, der sandte, als die Zeit gekommen war, seinen Sohn auf die hohe Schule zu Paris. »Denn«, sagte er sich, »mein Sohn ist nun erwachsen und muß an Wissen und Kenntnis der Welt zunehmen, damit er dereinst in Ehren dieses Land beherrsche.« Sogleich wurde die Fahrt zugerüstet: Frauen und Mannen begleiteten den Scheidenden vor das Tor und umarmten ihn herzlich. Innig umfing er noch einmal die Königin, seine Mutter, neigte sich tief vor ihr zum Zeichen des Dankes und ritt hinweg, während die anderen den Weg zur Burg zurückgingen.

Man hatte ihm zum Hofmeister einen Kaplan mitgegeben, der ihn nun schon unterwegs auf mancherlei Art über edelmännisches Wesen, höfische Sitten, Worte und Gebärden belehrte. Der Schüler faßte rasch auf und erglühte, als er zu Paris angekommen war und die hohe Schule besuchte, sogleich von solchem Wissensdurst, daß er bald zwei seiner Genossen, die beide Söhne des Königs von Frankreich waren, an Wissen und edlem Wesen überflügelte. Da schlossen diese sich enger an ihn an und erwirkten von ihrem Lehrer, daß auch sie bei dem englischen Kaplan Unterricht empfangen dürften, so daß die drei Jünglinge rasch auf das innigste verbunden wurden. Auf diese Weise kam der junge Fürst auch zu Hofe, denn seine Freunde brachten ihn mit sich und führten ihn freudestrahlend ihrem Vater, dem König, vor. Das Hofgesinde hieß ihn allgemein herzlich willkommen und auch die junge Königstochter grüßte ihn freundlich. Ihm aber schien es, als wäre all der andern Gruß ein Wind wider den lieblichen Willkomm, den die zarte Prinzessin ihm bot. Er verneigte sich tief und ging tugendhaft fürbaß. Der König selbst empfing ihn wohl und auch die alte Königin: »Wer ist dieser edle Junker?« fragte sie, »er ist wohlgetan, ein Engel möchte ihn um sein lichtes Wesen beneiden.« Da trat der Kaplan vor und erklärte, auch dieser sei eines mächtigen Königs Kind und weile von England hier, die hohe Schule zu besuchen. »Was am Hofe liegt, seine Absicht zu befördern«, sagte der König, »das sei ihm jederzeit gewährt«, und hieß ihn nochmals willkommen. Alles freute sich des guten Empfangs, besonders aber die liebliche Tochter des Königs mußte dem Jüngling immerzu mit den Blicken folgen. Auch er sah sie oftmals an, Herz und Sinne neigten sich ihr zu, und seine Augen sagten ihr, wie lieb sie ihm wäre. Doch wagte er ihr nicht mit Worten zu verraten, worum Liebe zu bitten pflegt.

Der Kaplan aber sah mit Zorn, wie der beiden Neigung von Tag zu Tage wuchs: »Herr«, sprach er, »entehrt Ihr das Kind des Königs, nachdem Ihr hier bei Hofe so ehrenvoll empfangen worden, und wird man der Liebe gewahr, die Ihr zu ihr im Herzen tragt, nicht Ihr noch ich werden jemals England wiedersehen. Besser, wir ziehen unserer Straße und verlassen dieses Frankreich, als daß Ihr uns hier in Schande und Elend bringt.« »Du hast recht«, erwiderte der Prinz. »Wohlauf, laß uns von hinnen! Wenn mich die junge Königin entläßt, was soll ich dann noch hier.« Aber der König und die alte Königin wollten ihn nicht fortlassen und baten, er möge doch noch ein Jahr verziehen. Da sah er die Geliebte an. »Gewährt es uns!« sagte sie und blickte ihm ins Gesicht. So blieb er denn und dachte, wie er mit ihr zusammen kommen möchte.

Nun traf es sich eines Tages, daß er die Jungfrau bei einem Fenster stehen fand: sie waren allein, da umfing sie ihn. »Sei Gott willkommen«, sprach er, »daß ich dir nun endlich sagen darf, was ich so lange verhehlte«, und redete von seiner Liebe. Sie aber umfaßte ihn noch inniger: »Warum«, sprach nun auch sie, »hast du nicht meinen Vater um mich gebeten? Denn nun, sagt man mir, sei ich einem Manne anverlobt, der habe ein Königreich mit goldenen Bergen. Aber wie es darum auch stehen mag, er wird mich nie und nimmer bekommen, denn ich liebe keinen andern Mann als dich.« »So will auch ich keine Frau lieben außer dir«, erwiderte er: »Doch hat dein Vater das getan, so wird er nie davon zurückkommen, es wäre denn, du würdest ihm genommen und ich führte dich heimlich fort mit mir.« »Still«, sagte sie, »sprich nicht so laut davon! Pack auf, fahre heim und säume dich nicht! Wenn du aber zu Hause bist, so weile dort ein ganzes Jahr, denn sie haben auch schon den Tag bestimmt, an dem ich dem fremden König gehören soll. Indessen mußt du sorgen, daß du dir drei Fohlen verschaffst, edler, als sie irgend sonst zu finden sind. Mit denen komm dann heimlich wieder genau auf den Tag, da sie mich fortführen wollen, hier in dem Baumgarten wirst du mich wartend finden. Kommt dann der König mit den goldenen Bergen geritten, so werden sie ihm entgegengehen. Dann schwingen wir uns auf und sind schon weit, ehe sie erraten mögen, wohin wir verschwunden sind.« Da umfaßten sie eins das andere und küßten sich.

Der Kaplan aber beobachtete wohl, daß etwas vorging, und wurde immer zorniger. »O weh, Herr, der Not«, sprach er, »Ihr wollt uns ohne Zweifel dem Tode überliefern.« »Hat dich denn der Teufel hergebracht«, rief der Jüngling, »daß du mich ausspürst und mit deiner Neugier verfolgst? Auf, nimm aus der Schatztruhe Gewand, Silber und Schwert und heiße den Knecht uns die Pferde satteln – wir wollen gen England reiten!« Was er befohlen hatte, geschah. Er ging zum König, beugte das Knie und dankte ihm für die Huld und Gnade. Als er aber hinauskam, sah er die junge Königin vor der Tür stehen und seiner warten. Sie bot ihm ihre schneeweiße Hand: da brannten sie beide in Liebe und Sehnsucht. Und während ihr die Tränen über die Wangen rannen, sagte sie leise: »Nun gehst du und ich habe Freude mit Weinen.« »Laß mich aus deinen Armen«, erwiderte er, »und weine nicht! Wir müssen uns meiden, bis uns der liebe Tag erscheint, da ich dich mit mir nehme! Bis dahin schütze Gott dich vor aller Not!« So schieden die beiden in Jammer und Lust.

Als er in England ankam, fand er daselbst Städte und Burgen in blühendem Frieden. Der König kam ihm mit seinen Mannen entgegengeritten und empfing ihn ehrenvoll. Aber seine Sehnsucht und sein Herz war fern bei der Geliebten und achtete nicht darauf, was um ihn vorging: »O lieblicher, roter Mund«, dachte er, »wann soll ich dich wieder küssen? Mir ist so weh nach dir, daß ich keine Freude mehr habe.« Frauen und Männer trieben mancherlei Kurzweil vor ihm, Trommeln, Pfeifen und Saitenspiel, Turnieren, Stechen und Singen. Aber ihm wollte keines davon gefallen, seine Trauer wich nicht von ihm und je mehr schöner Frauen er sah, desto tiefer nur wurde sein Leid, gedachte er jener, die er in Kummer dort zurückgelassen. Indessen ritt er aber im Lande herum und erforschte eifrig die Namen der Burgvögte. Als er sie alle kannte, ließ er drei der besten abseits in ein Haus kommen, und bat sie, ihm drei schnelle Rosse zu verschaffen, edler, als sie irgend sonst gefunden würden. Da suchte man manche gute Stadt ab, ehe man die besten fand: doch wurden sie schon in kurzem vor ihn gebracht. Indessen hatte er bereits einen Ort ausfindig gemacht, wo die Tiere heimlich stehen sollten, daß niemand sie entdecke. Dort wurden sie hingeführt und glänzend gepflegt: drei kunstreiche Sättel wurden angeschafft, Zaum und Steigbügel mit Golde beschlagen und alles, was sonst von Leder ist, aus seiner Seide hergestellt und mit goldenen Borten überzogen, und Sporen und Sattelbogen aus dem edelsten arabischen Golde gearbeitet. Als dies vollendet war, ließ er sich eine gute Fiedel mit seidenen Saiten und goldenen Nägeln fertigen, wie sie einem Fürsten geziemt: das Holz glänzend poliert, den elfenbeinernen Griff mit Gold und Edelsteinen ausgeziert, dazu einen Fiedelsack von Seide, mit seidenen Goldborten und lieblichem Bildwerk geschmückt.

Über solchen und ähnlichen Vorbereitungen war endlich das Jahr vorübergegangen und der Tag der Abreise da. Der Jüngling brannte, fortzukommen, und schickte seinen Knecht voraus, daß er ihn vor dem Tore erwarte. Dann ritt er ihm heimlich auf Wegen, wo niemand ihn sehen konnte, nach und sprengte mit ihm in fliegender Eile die Straße gen Frankreich zu. »Ich gäbe das Himmelreich um diese Fahrt«, dachte er und ließ das Bild der Geliebten vor seinem Auge schwanken. Nachts, wenn sie in der Herberge waren, schlief er nur selten bis zum nahenden Morgen: »Auf!« rief er und weckte den Knecht, »wir wollen reiten, es ist mir eilig mit dieser Fahrt!« Der Knecht mußte ihm die kostbare Geige nachtragen. Denn er wollte, daß ihn niemand in Frankreich erkannte, bis er endlich in die Nähe des Hoflagers kam. Da wunderten sich Frauen und Edelleute, daß ein so stolzer Herr nichts andres wäre als ein fahrender Fiedler, und der König trat ihm entgegen und bat ihn, bei der Hochzeit seiner Tochter aufzuspielen. Doch der Fremde weigerte sich: »Nein«, sagte er, »ich muß allein weiterreiten bis zu einer, der ich es angelobt habe.« »Ei seht mir doch den Tobsüchtigen«, rief der König, »schlägt er mir nicht meine reiche Gabe und die Ehre ab, bei meinem Feste zu spielen?« »Ach, Ihr wißt ja nicht, wie es darum steht«, erwiderte der Fiedler, »vor einem Jahr hab' ich eine weiße Taube in einem Strick gefangen, in dem sie immer noch gefesselt liegt. Ließ' ich sie nun noch länger darin, so nähme sie mir vielleicht ein anderer Mann, aber dem gönn' ich sie nicht, weil ich sie selber haben will.« Da lachte der König, denn es dünkte ihn ein rechter Narrenstreich, daß einer wegen einer Taube seine Einladung in den Wind schlüge. So ritt der Jüngling denn weiter, den wohlbekannten Weg dahin, und begab sich an eine Stelle, wo er vor dem Blicken der andern wohl geborgen war. Indessen befahl der König seinem Hofgesinde, sich zum Empfange des Königs von Marokko gerüstet zu halten, denn dieser war es, der die Prinzessin an diesem Tage holen sollte. Als der Bote kam, gingen alle Frauen und Mannen dem König feierlich entgegen, um ihn mit geziemenden Ehren zu begrüßen. So vergaß man der Jungfrau und ließ sie allein. Als sie dessen gewahr wurde, ging sie rasch hinunter in den Baumgarten, den Geliebten zu erwarten, er aber war schon da. Schnell, ohne sie erst noch zu begrüßen, denn Furcht und Not drängte, hub er sie auf sein Roß, die ihm geschwind ihr Händlein hinaufgereicht, und ritt mit ihr und den Pferden in fliegender Eile dahin. Sie hielten sich umschlungen und küßten sich Mund und Wangen, während die Rosse über das Gefilde sausten. Inzwischen war auch der fremde König eingeritten und man fragte nach der Braut. Alles suchte, aber die Jungfrau war nirgends zu finden. Da erhob sich allgemeiner Jammer und Leid, denn das Gerücht verbreitete sich, ein Engel habe sie entführt, damit ihr reiner, zarter Leib nie durch eines Mannes Liebe befleckt werde. So nahm denn der König von Marokko Abschied und ritt wieder dahin, von wannen er gekommen war.

Um dieselbe Zeit war der junge Fürst mit der Entflohenen in einen verwilderten Tann gelangt, der lieblich in Maienwonne voll von Blumen und Blüten stand. Da bat sie ihn herzlich, er möge den Knecht in die nächste Stadt vorausschicken, Herberge zu beschaffen. Sie selbst aber blieben allein auf dem grünen Plan zurück und ruhten im Grase zwischen den Blumen, bis das Mädchen ihm auf dem Schoß entschlief. Sie hatte zwei Ringlein an der Hand, die zog er ihr ab, während sie schlief, und betrachtete sie, denn ihn dünkte, er habe nie schönere an eines Menschen Hand gesehen. Da stieß plötzlich ein Bussard herab und riß ihm den einen von den Ringen aus der Hand. Ihn dauerte die Kostbarkeit, zornig sprang er auf und eilte mit Prügeln und Steinen hinter dem Bussard her, der immer weiter entflog. So kam er stets tiefer in die Wildnis hinein, irrte, den Vogel verfolgend, bald hierhin, bald dorthin und fand sich am Ende so fern von der Stelle, von der er ausgegangen war, daß er den Weg zurück nicht mehr finden konnte. Da brach er in schrecklichen Jammer aus und schrie in Elend und Not: »Nun hab' ich mein Lieb verloren, weh, warum wählte sie mich, da doch ein Fürst, viel edler als ich, sie in Freuden und Herrlichkeit dahingeführt hätte, und ritt mutterseelenallein mit mir aus Ehre und Glück davon! Hätt' ich die Fahrt nie getan, lieber wollt' ich für immer ein landfremder Pilgrim sein und morgen nicht schlafen, wo ich heute schlief!« So klagte er fort, Stiche durchbohrten sein Herz, wilde Tränen quollen ihm strömend über Wangen, Brust und Hände. Er schlug und raufte sich und gab Hirn und Mark so grenzenlos dem Jammer dahin, daß seine Vernunft zerbarst: er wurde wahnsinnig. Da mißhandelte er seinen Leib, zerrte seine Kleider herab, ließ sich auf die Hände nieder und lief gleich den wilden Tieren des Waldes auf allen vieren durch Dornen und Gebüsch. Menschlicher Sinn schwand ganz und gar von ihm: so lebte er vertiert in dem großen Walde.

Inzwischen war fern in dem Tann, wo der Bussard ihm den Ring geraubt, das Jungfräulein in süßem Schlafe gelegen und erwachte nun. Sie sah sich um und es wurde ihr ein wenig angst, als sie den Liebsten nicht bei sich fand, aber sie dachte: »Sein Roß und sein Mantel sind hier, so wird er wohl bald wiederkommen«, und tröstete sich. Als es aber gar zu lange währte, saß sie traurig da und blickte weit um sich: »Liebster, was hast du mich so lange hier allein gelassen«, sprach sie zu sich selber. Sie kannte nicht Weg noch Steg, da sah sie dorther ein Wasser fließen, dem ritt sie nach und ihr war ernst und trüb zumute. Endlich kam sie an eine Mühle, wo sie zu nächtigen gedachte, und stieg vom Roß. Der Müllermeister trat ihr entgegen, da grüßte sie ihn züchtig, neigte sich und bat ihn herzlich um Herberge. »Schönes Fräulein«, sagte er, »wie kommt es doch, daß Ihr so alleine seid?« Da erzählte sie ihm, sie habe ihren Begleiter verloren. Er führte sie hinein und ließ ihr von seinem Knaben die Rosse abnehmen. Drinnen bereitete man ihr einen schönen Sitz, darauf sie sich niederließ, und der Müller fragte sie nun weiter darüber aus, was in dem Walde geschehen sei. Da berichtete sie ihm alles, wie es sich zugetragen. »So ist mein Rat«, sagte er, »daß Ihr hier bei mir in der Mühle bleibt. Ist er am Leben, so kommt er hierher sicherlich früher, als an irgendeinen andern Ort.« »So nimm und verkaufe die Pferde«, erwiderte sie, »und bring uns um drei Mark Seide und Gold, daß ich damit unsern Unterhalt verdiene. Denn Stolen und Kirchengewänder, Tücher und Borten weiß ich gar kunstreich zu machen, und wir können beide von meiner Hände Arbeit leben.«

So war sie in der Mühle ein ganzes Jahr, bis gegen Ostern, da die Vöglein wieder zu singen begannen und Klee und Blumen aufs neue hervordrangen. Ihr war weh um ihren Lieben, aber sonst hatte sie es gut. Nun hauste in der Nähe der Mühle ein reicher Herzog, der es liebte, sich am Maientag im schönen Wald mit seinem Hofgesinde um einen Brunnen zu lagern und sich den Tag lang im Freien zu ergötzen. Die Mühle lag mitten im Walde, eine schöne Linde stand davor, unter der ein kalter Brunnen entsprang. Da ritten sie nun alle hin, um dort ihr Lustlager aufzuschlagen. Als die Herzogin das königlich feine Mägdlein erblickte, wunderte sie sich und sprach zu ihr: »Wie mag das sein? Bist du in dieser Mühle erzogen? Wärst du als ein lieblicher Engel aus dem Himmelreich hierher gekommen, du könntest nicht schöner sein.« Sie bat den Müller, er möge gestatten, daß sie das edle Mägdlein als Hoffräulein mit sich nehme. Aber dieser erwiderte: »Gnaden, Frau Herzogin, fragt sie selbst, denn ich wag' es nicht, darüber zu bestimmen.« »Ich täte es gern«, sagte das Mägdlein, »verstünd' ich nur, wie man auf Burgen dienen muß. Doch weiß ich leider nicht Bescheid darin.« »Was sprichst du da!« entgegnete die Herzogin. »Du wirst es mir nicht ausreden, daß du aus einem edlen Hause bist, alles spricht dafür, die Bildung deines Leibes, dein Wesen und lieblicher Anstand. Wo hast du so herrlich nähen gelernt? Dergleichen Arbeit mit Seide und Gold ward wohl noch selten in Mühlen gesehen.« »Wir wollen sie mit uns nehmen«, entschied der Herzog.

Dieser entstammte dem mächtigen Hause derer von Engelstein und war ein Bruder des Königs von England, mit dem gemeinsam er noch tiefes Leid um das Unheil trug, das sie betroffen, als der junge Fürstensohn spurlos verschwunden war. Zwar hatte man manchen Boten weithin in die Lande gesendet, aber keiner hatte Kunde von dem Verlorenen gebracht. Am Hofe dieses Herzogs lebte nun die Jungfrau und wurde von allen auf das beste gehalten und geehrt. Aber kein Mensch sah sie jemals fröhlich. Wenn sie allein war, weinte sie. So ging abermals ein Jahr dahin.

Eines Tages nun fuhr des Herzogs Jägermeister mit seinen Gesellen in den Wald zur Jagd. Man koppelte die Hunde los und machte sich auf: über rauhe Stege ging es kreuz und quer dahin, durch Gefilde, Wald und Ödnisse. Man war einem Hirsche auf die Spur gekommen, der lang und lang vor ihnen herlief. Da erblickten sie plötzlich einen Mann, der in der Wildnis auf allen vieren herumging. Die Hunde liefen ihn an, da floh er hoch auf einen Baum und wiegte sich in seinem Wipfel. Es waren im ganzen drei Jägersleute: von denen blieben zwei bei dem Wilden zurück, den dritten aber schickten sie heim, daß er dort verkündige, wie ihr Meister einen behaarten wilden Mann erjagt habe, der dann auf einen Baum entflohen sei. »Ich will hinreiten«, sagte der Herzog, ließ sich sofort Reitkleid und Roß geben und machte sich auf. Aber ehe er noch in den Wald kam, hatten die Jäger den wilden Mann gefangen und trieben ihn vor sich her. Als der Herzog dies sah, erbarmte ihn des Mannes Unglück: er ließ ihn aufrichten und ihm die Beine gerade ziehen. Aber es half nichts, der Wilde fiel wieder zurück und war auf keine Weise zu bewegen, wie ein Mensch zu gehen. Doch der Herzog sprach: »Er sieht nicht aus wie einer, der von Geburt auf so tierisch gewesen. Gebt ihm warme Speise und pflegt ihn, so wird er wieder zu sich kommen.« So führten sie ihn denn mit sich nach Hause.

Als man daselbst angekommen war, bat man die Frauen, hinauszugehen, denn man wollte ihnen den schrecklichen Anblick ersparen, ehe der Wilde nicht gebadet und geschoren sei. Denn Leib, Arme und Beine waren ihm ganz und gar mit spannenlangen Haaren überzogen. Sechs Wochen wurde er nun gebadet und geschoren, des Abends gesalbt und gerieben und Tag und Nacht mit guter Speise gepflegt, dergestalt, daß Hirn und Mark ihm wieder frisch ward und er menschliche Rede verstehen, reiten und gehen konnte. Da sah er einmal einen Falken bei der Wand auf dem Gestänge sitzen. »Kannst du damit umgehen?« fragten sie ihn. »Ei ja, gehörte der mir«, entgegnete er, »da könnt' ich wohl mit beizen und jagen.« Darüber lachte der Herzog und gab ihm vier Leute mit, die ihn bewachen sollten, wenn er in Toben geriete. Als sie nun draußen auf dem Gefilde waren, sahen sie einen Bussard fliegen. Kaum hatte der Wilde diesen erblickt, so ließ er den Falken schwingen und rief: »Bringe mir den Bussard, das gebiet ich dir, denn er muß mein sein!« Schnell schwang der Falke sich auf, noch schneller senkte er sich wieder und stieß den Bussard zu Tode. Da stürzte der Jüngling sich über den getöteten Vogel, biß ihm den Kopf ab, riß ihm Haut und Fleisch vom Leibe und warf Gebein und Gefieder in den Schmutz. Als die vier dies sahen, sprachen sie untereinander.: »Wir wollen ihn heimbringen, es scheint, er will wieder toben.« Sie legten Hand an ihn, er aber rief: »Laßt mich hier draußen, bis wir einen Vogel erlegen, den wir dem Herzog bringen können.« Da kam just hoch und schnell eine wilde Ente vorübergeflogen, der beizte der Falke nach, bis er sie herunterstieß. Sogleich sprang der Jüngling vom Rosse, nahm den Falken auf die Hand und streichelte ihm das Gefieder. Dann hob er die tote Ente auf und stieß sie in seine Jagdtasche. So ritten sie hinein: man brachte Wein und Brot und bewirtete sie wohl, wie es glücklichen Jägern geziemt. Der Herzog selbst setzte sich zu dem Wilden und trank und aß wacker mit. Man hatte ihm erzählt, was der Mann draußen getrieben: »Nun wird es ihm aber nicht erlassen,« sprach er, »er muß sogleich ansagen, aus welchem Grunde er den Bussard so jämmerlich zerriß.« Der Fremde zögerte zuerst: »Ihr würdet nimmer froh«, sagte er, »erführt Ihr nur die Hälfte von dem, was Leides mir widerfahren ist.« Dann aber begann er zu erzählen: und je mehr er erzählte, desto höher und klarer stiegen die Erinnerungen in ihm auf, bis er mit dem Raub des Ringes, der wilden Verfolgung des Bussards und seinem Irrgang in der Wildnis schloß. »Mir hätte der Tod nicht so weh getan«, sagte er, »als daß ich die Allerliebste dort allein ließ und nicht weiß, wie es ihr geht. Denn sie war die Tochter eines Königs in Frankreich, ich aber bin von England her und auch eines Königs Sohn.«

Als die Jungfrau dies vernahm, sprang sie auf und sank ihm weinend in die Arme, dann fiel sie ohnmächtig zu Boden. Der junge Fürst schwieg still, denn das Wort versagte ihm. Der Herzog aber, ohnmaßen froh über die Kunde, umfing sie beide und sprach: »Bist du meines Bruders Kind, so sei mir Gottwillkommen! Und ist jemand hier, dem meine Ehr' und Freude lieb ist, der trete auch herzu uud begrüße meinen Fürsten und Herrn!« Man geleitete sie auf die Sitze zurück, bot ihnen den Ehrenplatz und bewirtete sie noch reicher und edler denn zuvor. Dann gab der Herzog Befehl, zwölf stolze Ritter sollten sich zur Fahrt bereit halten, sechs gen England, sechs gen Frankreich. Als sie zu Paris ankamen, empfing der König sie ehrenvoll und ließ ihnen Rosse und Gewänder geben, als er die Botschaft vernahm. Grafen, Freiherren und Dienstmannen, alles, was von edlem Geschlechte an dem Hofe war, Ritter und Knappen wurden sogleich zur Fahrt gerüstet. Die Königin befahl ihren Jungfrauen, ihre festlichsten Kleider anzulegen und sich gleichfalls zur

Reise bereit zu halten. So machte sich der glänzende Zug schleunig gen Engelstein auf.

Als man daselbst angelangt war, wurden auf dem Gefild die prächtigsten Lustzelte aufgeschlagen. Da kam auch schon der von England daher, reich mit Geleit und Rossen. Als man auf der Burg vernahm, daß beide Könige mit großem Gefolge angekommen seien, erschien der Junker mit vierundzwanzig Rittern, selbst ritterlich gekleidet, zu Rosse auf dem Plan, danach die junge Königin von Frankreich mit ihren Mägden. Ein Ausrufer verkündigte im Lande zweier Könige Hof, die ihre Kinder verloren und wiedergefunden hätten und nun die Vereinigung mit nie dagewesenen Lustbarkeiten zu feiern gedächten. Da kamen viele Bischöfe und Herren des Landes auf das liebliche Gefild bei Engelstein, und Frauen und Männer drängten sich stürmisch heran. Vierhundert Spielleute machten Musik und war keiner unter ihnen, der nicht Stoffe und Kleider zum Lohn erhalten hätte. Der Junker wurde zum Ritter geschlagen und warf, desgleichen die Braut, güldene Pfennige unter die Menge, als der Hochzeitszug sich über den Platz bewegte. Da wurde reich gegessen, getrommelt, gepfiffen und gefiedelt, turniert und gestochen, bis endlich das Fest zu Ende ging. Als man nun den Junker fragte, wo er wohnen wolle, in Paris oder England, entschied er sich für beides abwechselnd, erhielt von seinem Vater Städte und Burgen und lebte mit seinem lieblichen Gemahl in Glück und Herrlichkeit bis sein sein Ende.

Crescentia

Einst herrschte zu Rom ein König, mit Namen Narcissus, dem hatte das Schicksal alles geschenkt, bis auf eins: er besaß keinen Erben. Da gebot er seinen Untertanen, fleißig zu Gott zu beten, daß er seines Kummers befreit und ihm ein Sohn geboren würde. Kurz darauf genas seine Gemahlin, die Königin Elisabeth, lieblicher Zwillinge, deren jeder Dietrich genannt wurde. Als nun der König und die Königin starb, entstand im Reiche große Not, da man nicht wußte, welchem von den beiden Brüdern das rechtmäßige Königtum gebührte. Da gebot der Papst, daß derjenige König werden sollte, der zuerst ein Weib gewinnen würde. So erzog man denn die beiden edlen Kinder, bis sie so weit herangereift waren, daß sie Schwerter tragen konnten.

Nun besaß ein König in Afrika eine wunderschöne Tochter, Crescentia mit Namen, um die bewarben sich die Brüder beide, von gleicher Liebe entflammt. Der Vater wunderte sich darob, der Senat aber entschied, man solle den Streit also schlichten, daß ein Ring gebildet werde: welchen dann die Jungfrau wolle, dem möge das Reich gehören. Nun war der eine Dietrich ein Held von erlesener Schönheit und wurde im Land nicht anders als der schöne Dietrich genannt, der andre aber war schwarz und von fahler Gesichtsfarbe, so daß er allgemein nur der ungetane Dietrich hieß. Als sie sich nun aber beide in den Ring begaben, wählte die Jungfrau nicht den schönen, sondern den häßlichen von ihnen, dem also Rom und der Lateran von diesem Tage an untertänig wurden.

Kaum war der ungetane Dietrich zum Königtum gelangt, so gedachte er mit einem kräftigen Heere über Meer zu ziehen, um daselbst einen mächtigen König zu bezwingen. Da befragte er seine Ratgeber, wo er indessen sein schönes Weib lassen solle, daß sie in Ehren seiner Rückkunft harre. Sie rieten, er möge sie heim in ihr Land, zu ihrem Vater senden, da wäre sie in guter Hut. Aber den König jammerte, daß sie ihm also rieten. Er begab sich zu der Königin, tat ihr kund, was gesprochen worden, umarmte sie innig und rief: »Mich erbarmt, daß ich dich deinem Vater senden soll, und tut mir von Herzen weh. Ich fürchte, wenn ich den Tod gewinne, sie verstoßen dich aus dem Reich. Nun rate du mir, daß ich nach deinem Willen handle.« Da sprach die gütige Frau, wie es ihr zu Mute war: »Wo immer Ihr mich hinsenden wollt, ich vermöchte nichts dawider zu tun. Sollt' ich aber Euer Ratgeber sein, so nehm ich es auf meine Treue, daß ich eher sterben wollte, als solche Schmach erdulden. Mein Vater würde nur glauben, ich selbst hätte das verschuldet mit Unzucht und Missetat, und mich verachten. Darum, lieber Herr, sende mich nicht übers Meer, und bedenke dich eines Bessern!« »So rate mir!« sprach der König, »und was du willst, wird geschehen.« Da entgegnete sie: »Dein Bruder Dietrich ist ein Mann von solcher Tugend und Kühnheit, ihm übergib dein Reich und mich, so kannst du in Sicherheit dahinziehen.« So befahl er denn vor einer großen fürstlichen Versammlung sein Weib der brüderlichen Hut, indem er sie bei den Händen nahm und selbst dem Bruder zuführte, und fuhr mit seinem Heere von dannen.

Der böse Satan aber verblendete den schönen Dietrich, daß er begann seines Bruders Weib zu begehren. Als der höllische Mann ihr davon sprach, ward sie traurig und entgegnete: »Was habt ihr mit Eurem Verstande getan, o Herr? Bin ich doch Eures Bruders Weib und Not und Schande erwüchse uns davon!« Da sprach der Treulose: »Ich will mich rächen, so sehr ich es vermag, denn du hast mir Schmach angetan, als du meinen Bruder nahmst, der ich doch wahrlich besser zu dir paßte an Schönheit und edlem Sinn. Aber du sollst mir die Missetat büßen und am Ende du es sein, die in der Schande bleibt.« Da ersann sie tief in ihrem Herzen eine List, wie sie das Unheil abzuwenden vermöchte. »Herr«, sagte sie, »wenn du willst, daß ich dir zu Willen bin, so gehe hin und heiße Steine hauen und einen hohen starken Turm erbauen, daß wir darin vor dem Zorn der Römer geschützt seien. Denn wenn sie es erführen, wir wären verloren und sie steinigten uns.« Da ließ er frohen Herzens sogleich den Turm aus Stein und Blei aufbauen und sagte ihr's an, als er fertig war. Da hieß sie ihn, er möge den Turm mit Schlössern bewahren, damit sie sicher seien, dann gebot sie ihm, Speisen hineinzuschaffen, damit sie nicht hungerten; endlich befahl sie, er möge durch seinen Kapellan verschiedene Heiligtümer aus Rom und dem Lateran hineinbringen lassen, damit sie davor ihrer Sünden Fülle bekennen und Gottes Gnade erlangen möchten. Als dies alles vollbracht war, nahm sie den Schlüssel und ging Hand in Hand mit ihm zu dem Turme. Er war fröhlich und der Aufstieg dünkte ihn eine

Ewigkeit. Da sie nun in das Gemach traten, sprach er: »Hier sollst du nun die Glut meines wunden Herzens stillen.«»Es sei,« entgegnete sie und hieß ihn zuerst eintreten. »Vom Aufstieg glüht mir der Leib, von Begier meine Seele«, sagte er und trat ein. Da schloß sie fest die Tür hinter ihm, wie sie sich vorgenommen hatte. Was er auch flehte und schwor, sie ließ sich nicht erbitten und sprach: »Deiner Eide bedarf es nicht. Du hast Brot, Wein, schönes Bettzeug und allerlei Gerät. Auch die Heiligen sind dir nahe. So mögest du denn dort deines Herrn warten.« Niemand erfuhr, daß sie hin eingesperrt hatte. Des Morgens, als man die Messe sang, drängte sich das Volk und brach in Klage aus, weil der Herr nirgends zu finden war. Auch Crescentia weinte. Aber nicht um ihn, sondern weil sie gedachte, ob Gott ihren Mann heil wieder heimkehren lassen würde.

Als der Winter kam, eilte der König mit seinen Mannen heim in sein Land. Boten sprengten voraus und verkündeten es der Herrin. Da erhob sie sich, ging über den breiten Hof, begab sich heimlich in den Turm und rührte leise den Türring. »Wen hör' ich an der Pforte stehen?« kam die Stimme von innen. »Habt Ihr noch Lust herauszukommen?« fragte die gütige Frau: »Sagt an, wie ist Euch zu Mut?« »Wohl möcht' ich hinausgehen, wenn Ihr mir gnädig wärt«, entgegnete er, »aber ich bin voll Angst, daß ich dies verwirkt habe. Zwei Jahre bin ich nun hier gesessen, ich fürchte, der König wird mich fortjagen.« Da schloß sie das Türlein auf und sprach: »Wirb, daß Gott dir gnädig sei! Ich will verschweigen, was du getan hast.« Dabei küßte sie ihn auf den Mund: »Lieber wollt' ich selber Pein leiden«, sagte sie, »als daß dir um meinetwillen Unheil widerführe.« Verstohlen kam er in die Burg und als es tagte, verkündete der Kämmerer allüberall in der Burg, daß sein Herr zurückgekommen sei. Crescentia empfing ihn vor den Leuten und begrüßte ihn auf das lieblichste. Dann hieß sie ihn fortgehen, daß er seinen Bruder empfange.

Aber er hatte seinen Sinn nicht geändert und brannte nach Rache an ihr. Den Leuten erzählte er eine Lügenmär, daß er entführt worden und die zwei Jahre gefangen gelegen. Dabei sann er nichts, als wie er die Frau in Leiden zu stürzen vermöchte. Als er ausgeritten war und den König nahen sah, nahm er zwölf seiner Mannen beiseite und gelobte, ihnen viel von seinem Gute zu geben, wenn sie ihm beiständen, auszuführen, was er im Sinne habe. Da reckten sie die Hände empor und schwuren ihm's zu. Nun sagte er ihnen, was die Frau vorgeblich alles getan habe, und bat sie, sie sollten insgemein bestätigen, was er vor dem König sprechen werde, als ob sie es selbst gesehen hätten. Da begannen sie zu klagen, daß eine so gütige Frau auf solche Weise ins Verderben gebracht werden solle, und der weiseste unter ihnen erhob warnend seine Stimme. Aber Dietrich rief ihm zornig zu, so werde es die letzte Bitte sein, die er an ihn richte, so daß auch er, wenngleich schweren Herzens, sich zufrieden gab.

Als nun der König auf dem breiten Felde dahergeritten kam und seines Bruders ansichtig wurde, rief er ihm sogleich entgegen: »Wie geht es meinem lieben Weibe? Denn sie ist mir lieber als das Leben.« »Sie hat in einer Weise enthaltsam gelebt«, antwortete der Bruder, »das müsse Beelzebub an ihr walten. Ich schäme mich der Worte. Da, fragt diese Knechte, die sollen's Euch sagen.« »Sprich, Bruder«, erwiderte der König, »ist ihre Schuld so, daß ich sie dennoch behalten und mit ihr altern kann? Denn wenn ihrer Untaten zu viele wären, so will ich nimmer nach Rom kommen.« – »So mögt Ihr denn erfahren, wie es sich damit verhält: Ihre Unzucht hat sich so weithin verbreitet, daß sie ungebeten jedem Manne zu Willen war, der meinen Hof besuchte.« Da weinte der König und rief: »Nun reue es Gott, daß ich sie jemals sah! Schände dich nicht selbst, Bruder, indem du für die Unreine sprichst! Heiß sie hängen oder steinigen oder hinabwerfen auf den Grund des tiefen Meeres, doch soll sie nimmer ihrer Niedertracht genießen! Tue mit ihr, was dir gefällt, ich will sie nie wieder mit Augen sehen!« Da gab der Hund zweien seiner Knechte den Befehl, die Frau zu binden und nicht zu säumen, bis sie in der Tiefe des Meeres läge, daß sie die Nacht nicht mehr erlebe.

Nun war indessen die Königin mit ihren Frauen auf den Plan hinausgegangen, um den König zu begrüßen. Da kamen die Boten auf sie zu, und sie fragte, wo ihr Herr geblieben sei? Diese aber warfen sich nieder auf das Gras und verkündeten ihr, was ihnen befohlen worden. Da erhub sich ein allgemeiner Jammer, selbst die Knechte mußte es erbarmen, und sie hätten lieber ihr Leben gelassen und die Gnade ihres Herrn verwirkt, als daß die Königin so ohne Schuld verderben sollte. Doch da sprach das liebliche Weib:

»Hieß euch mein Herr, mich zum Tode bringen, so sollt ihr sein Gebot leisten. Ich weiß wohl, wie er es meint.« Da legte sie Seide und Gold von sich, nahm mit schneeweißen Händen ihren stolzen Haarschmuck vom Haupte und reichte ihn einer von ihren Dirnen: »Da nun der Tod uns scheidet«, sagte sie, »trage ihn, dies ist mein Wille. Was Gott gefällt, soll sein.« Darauf banden sie ihr die Hände hinten am Rücken zusammen und führten sie an die Brücke: so ward sie unter Weinen und Wehklagen aller, die dabei standen, in das Wasser gestürzt. Aber Gott richtete diese Tat sogleich: Denn die beiden Dietriche wurden zur selben Stunde miselsüchtig, so daß ihr Mund nicht sprach, ihr Ohr nicht hörte, ihr Auge nicht sah. Abgeschieden von aller Welt, erhielten sie wie Kinder ihr Essen und Trinken gereicht.

Die Verstoßene war indessen vom Strom zum Ufer getragen worden, wo ein Fischer sie auffing. Er brachte sie nach Hause und erquickte sie bei seinem Feuer. Als sie wieder zu Kräften gekommen war, sah er, daß sie ein schönes Weib war, und fragte sie, von wannen sie käme. »Gott schenke dir Heil und Glück,« sagte sie, »laß es mich nicht entgelten, denn ich bin nur ein armes Weib und will mein Leben in deinem Dienste zubringen, wenn du mich dafür ernähren möchtest.« Damit war der Fischer gerne einverstanden.

Sie hatte ihn gebeten, stillzuschweigen, als er aber zum herzoglichen Hofe kam, dem dieser Teil des Landes unterstand, und keine Fische mitbrachte, ließ man ihn von Knechten niederstrecken und mit Knütteln schlagen. Da beteuerte er seine Unschuld und erzählte alles, wie er, um ein Weib aus der Flut zu retten, das Fischen versäumt habe. Da befahl man ihm, dasselbe Weib sogleich zu Hofe zu bringen, denn man schenkte ihm keinen Glauben. Der Fischer tat, wie der Vogt ihm befohlen, und brachte die Fremde, gegen ihren Willen, zu ihm. Als der Vogt des Weibes ansichtig wurde, sagte er zu seiner Frau, dies sei eine Geschichte, die man billig vor den Herzog bringen müsse, denn das Weib dünkte ihn von edler Abkunft. Er sagte es dem Vitzthum, der Vitzthum brachte es vor den Herzog. »Sende sie mir!« sprach dieser, und sie wurde sogleich geholt. Die Herzogin empfing sie mit vieler Freundlichkeit, man hielt sie allgemein für ein Mädchen und ließ sie kostbar kleiden. Der Herzog kam gerade vom königlichen Hofe zurück, da ging die Herzogin mit ihren lieblichen Frauen ihm entgegen und erfuhr nun von ihm die leidige Märe, wie es dort ergangen sei: die beiden Herren aussätzig und gelähmt, die Königin ertrunken. Da weinte alles, was da war, und beklagte den Tod einer so gütigen Herrin. »Mein Gemahl,« sagte die Herzogin, »man hat uns vor kurzem eine fremde Jungfrau ins Haus gebracht, die wurde im Wasser gefunden.« Als sie vor dem Herzog stand, erkannte er sie nicht, so oft er sie auch schon gesehen hatte, denn das Leiden entstellte ihr Gesicht. Da schwur er, sie solle nun Freude für all ihr Leid haben, und erwies ihr viele Ehren. Sie mußte an seiner Seite sitzen und er fragte sie, von wannen sie hierher gekommen wäre. »Dies ist anders, als Ihr wohl glauben mögt«, entgegnete sie. »Ich und meine Verwandten wollten nach Rom fahren, da geschah es um meiner Sünden Willen, daß die Flut den Mast zerbrach. Alle entrannen, nur mich allein trieb es an das Ufer, wo mich der Fischer fand.« Da hielt er sie ehrenvoll, bat sie, seinen Sohn zu erziehen, und zog sie bei allen Beratungen zu, so oft er etwas unternehmen wollte. Sie aber lebte keusch und brannte in der Liebe Gottes.

Als der Vitzthum sah, daß sie so hohen Ruhm bei Hofe gewann, geriet er in Staunen und Wut; ihm war, er müsse verderben, wenn nicht sein Wille an ihr geschähe. Heimlich aber dachte er: »Wenn diese mir hold würde, sie könnte mir viel Silbers und Goldes geben, denn sie führt die Schlüssel und hat Gewalt über alles. Auch werd' ich wohl eine List finden, sie aus der Gunst meines Herrn zu vertreiben, wenn sie mich abwiese. Denn der Herzog ist mir gnädig.« Er gewann eine Dirne dazu, die suchte sie mit Reden spät und früh zu bewegen, daß sie ihm heimlich zu Willen sein möge, er gäbe ihr Erbe und reiches Gut darum. Die Frau dauerte diese Rede: »Weshalb sprichst du so?« sagte sie: »Ihm ziemt besser, ein Weib von seiner Art zu besitzen als mich, eine elende Landfremde. Seine Kebse will ich nicht sein, zum Weibe wär' ich ihm zu schlecht. Ich wähne, nie ist einer Armen so viel Leid geschehen, wie mir.« »Ei«, erwiderte die Magd, »das eben will er dir benehmen! Wenn du es tun willst, sprich, so bring ich ihn heimlich und verstohlen zu dir.« Aber Crescentia wies sie zornig von sich.

Als der Vitzthum erfuhr, was sie gesagt hatte, schwur er, fürder kein Wort mehr mit ihr zu reden, und entbrannte in wilder Wut, wie er sie mit falschen Künsten bei dem Herrn in Ungunst setzen möchte. Grimmig ging er in den Saal, wo die Jungfrauen saßen. Als er der Frau ansichtig wurde, rief er zornig: »Ei, du Unhold, sitzest du da mit Golde geziert und behangen! Du solltest besser ins Holz fahren, als Jungfräulein bewahren, man müßte dich mit Besen streichen!« »Ihr tut mir unrecht!« erwiderte sie. »Ihr hättet in meinem Dienste leben können, doch was Ihr von mir begehrtet, hätte meine Ehre und Reinheit vernichtet.« Er aber ging auf sie zu, um sie mit Füßen zu stoßen, da sprangen alle ihre Genossinnen auf und wehrten ihm. Zornig, daß er sich nicht rächen konnte, lief er unter heftigen Drohungen hinaus. Da rang sie ihre Hände: »Weh mir, nun bin ich wieder im Elend! Hätte mich doch lieber die Flut verzehrt, als daß ich nun vor seiner Verfolgung zittern muß.« Die Mägde rieten ihr, doch von Weinen zu lassen und es dem Herzog zu klagen, der würde ihr Recht verschaffen, sie aber entgegnete: »Ich will meinen Herrn nicht mit meinem Unglück betrüben. So möge denn ungerochen bleiben, was Uebles mir der Vitztum getan hat.«

Dieser sann indessen auf Rache. Er ließ sich einen Nachschlüssel zu ihrer Kammer machen, überlegte seinen Plan und schlich sich eines Nachts dahin: leise schloß er auf, da erhub sich ein gewaltiger Windstoß. Während der Wind noch blies, schnitt er dem Herzogskinde, das bei ihr schlief, mit dem Schwerte den Kopf ab und legte es der Frau in den Schoß, als ob sie selbst es getan hätte. Dann, gegen Tag, begab er sich an seines Herrn Bette und weckte ihn: es sei schon spät nach dem Hahnenschrei, er möge aufstehen und zur Messe gehen, die Sonne schiene schon hell. »Ich schliefe noch gerne«, sagte der Herzog, »laß mich mit der Messe in Frieden. Meine Hofmeisterin weiß schon, wann es Zeit ist. Nun geh aber und sieh, warum sie nicht erwacht, ich sehe wohl, es ist hoher Tag.« Da ging er hin, wo die Frau ohne allen Arg im Schlafe lag, und stieß wider die Tür, daß sie in Stücke zerkrachte. Hei, wie laut er da schrie: »Auf, auf, des Herzogs Kind ist ermordet und die Mörderin hält es tot im Arm!« Da lag die Unschuldige und das Blut des Kindes rann ihr über den Leib. Als sie das Blut spürte, tastete sie mit ihrer Hand und suchte nach dem Kindlein: »Herr, mein Gott!« rief sie, »ich weiß nicht mehr, wo ich bin, ich habe den Verstand verloren! Hätten mich doch die Fische im Wasser gefressen, daß nie ein Mensch mich mehr sah!« Aber der Schurke lief sie an und schlug sie auf den Mund, daß ihr das Blut in den Schoß herabfloß: »Bist du gerettet worden, so sollst du mir wieder auf den Grund, von wo man dich hergebracht.« Das Gesinde lief zusammen, um zu sehen, was es gäbe, auch der Herzog eilte herbei: »Nun hast du deine Treue an mir zerbrochen«, sprach er zu ihr, die reuevoll vor ihm stand. »Was ist es, das du an mir gerochen hast? Wär' ich auch weniger gnädig zu dir gewesen, so hättest du's um Gottes Liebe willen nicht tun dürfen.« »Ich bin ein elend Weib, mein Leben ist verwirkt, ich fürchte nicht den Tod. Was ihr mit mir tun wollt, niemand kann es hindern, es wäre denn unser Herr Christus selbst, der aller Witwen Schutzherr ist!« »Wie«, rief die Herzogin, »wagt sie es, hier laut zu werden? Man werfe sie sogleich ins Meer bis auf den Grund.« Dies war dem Herrn leid und er sprach mit klagenden Worten: »Und hingen wir sie, das Unheil bleibt dennoch bestehen. Wir wollen nicht richten, sie möge dahingehen.« »Wer soll dies Verbrechen ahnden?« rief da der böse Vitztum, dessen Rache nach Befriedigung brannte. »Wenn sie dich mit Zauberlisten verblendet hat, so wollen *wir* die Rache an ihr vollziehen.« Da sagte der Herzog: »Bei meinem Leben, mich dauert das Weib noch mehr, als mich das Kind erbarmt, das sie erschlagen in den Armen hält. Tue mit ihr, was dir gefällt! Aber meine Schuld komme auf dein Haupt!« Da hub der höllische Teufel die Hand und schlug sie mit der Faust, daß ihr der Kopf sauste und das Kindlein ihren Händen entfiel. Dann packte er sie mit beiden Händen wild am Haar und schleifte sie aus der Kammer. Die Leute baten, er möge sie leben lassen und nicht mit dem Fuße stoßen. Er aber war noch nicht satt, schlug sie wieder mit Fäusten, daß ihr die Sprache verging, und rief: »Ich will mich rächen an dir, du Unreine, daß du fürder keinen mehr bezauberst oder tötest. Du stirbst von meiner Hand.« Da sprach sie: »Dir, o Herr, befehle ich meinen Geist!« Kaum war das Wort heraus, so packte er sie beim Halse, stieß sie ins Wasser bis an den Grund und brach in ein helles Gelächter aus. Aber wieder richtete Gott die Tat sogleich: Denn zur selben Stunde wurden der Vitztum und sein Herr, der Herzog, am ganzen Leibe gelähmt.

Die Frau schwamm indessen das Wasser zu Tal bis an den dritten Tag und blieb zuletzt auf einem Werder liegen. Da erschien ihr Sankt Peter und blieb ob dem Wasser stehen. Er reckte seine Hand und führte sie trockenen Fußes über die Flut an das Land. Dann gebot er ihr, wieder nach des Herzogs Burg zurückzugehen, und sprach: »Du sollst jeden gesund und heil machen, der dir öffentlich seine Sünden bekennt.« Da machte sie sich auf und ging unverdrossen den ganzen Weg zurück, den sie während der beiden Tage herabgeschwommen war, und gelangte am hohen Mittag wieder vor die Burg. Sankt Peter führte sie mit seinen strahlenden Händen selbst bis an ihr Ziel, dann nahm er Abschied. Niemand von den Dienstmannen erkannte sie, als sie eintrat. Man fragte sie, ob ihr kein Arzt bekannt wäre, der ihren Herrn gesund machen könnte. Sie bedachte sich eine Weile, dann sagte sie: »Führt mich zu Eurem Herrn, daß ich sehe, wie es um seine Seuche steht, und ob ein Arzt ihn heilen möchte.« Man führte sie dahin, wo der Herr lag. »Es ist der dritte Tag«, sprachen sie, »das ihm dies widerfahren ist. Seither hört, sieht und ißt er nicht mehr und wir wüßten, bei Gott, nicht, ob er noch lebe, wäre nicht der Atem in ihm, der aus seinem Munde geht.« Da sprach sie zu ihm: »Willst du gesund werden, so bekenne hier alle deine Sünden, die du getan hast. Dann wird die Seuche von dir weichen.« Da schöpfte er neue Hoffnung: freudig blickte er auf und bekannte, wessen er sich schuldig hielt. Als die Beichte getan war, hieß sie ihn aufstehen, aber er vermochte es nicht. »Bedenke dich«, sagte sie, »mich dünkt, dich bedrückt noch etwas.« Da mochte er nicht länger leugnen, weinend gestand er vor allen, die anwesend waren, daß er über die Frau den Tod durch das Wasser verhängt habe. Im selben Augenblicke aber vermochte er aufzustehen und war heil und gesund.

Da bat er sie, sie möge auch zu einem von seinen Dienstmannen gehen, der gleichfalls schwer an einer solchen Seuche trüge, und versprach ihr reichen Lohn, Edelsteine, Silber und Gold, wenn sie diesen zu heilen vermöchte. »Dein Schatz wiegt mir nicht viel«, sagte sie. »Man führe mich zu den Kranken!« Sie kam und berührte ihn mit der Hand, da drehte er sich von der Wand nach ihr hin. »Sieh auf und sprich, bekenne öffentlich von Herzensgrunde alle deine Sünden, so wirst du gesund werden.« »Ich will dir gern im Geheimen sagen, was ich Böses getan habe.« »Nein, du mußt es öffentlich tun.« Dann wandte sie sich an den Herzog: »Wenn mich mein Sinn nicht trügt, so scheut er Eure Anwesenheit bei der Beichte. Sollte er aber etwas wider Eure Huld getan haben, so verzeiht es ihm um meinetwillen.« »Was sollte der Mann mich scheuen?« entgegnete der Herzog. »Ich habe kein Kind, das mir so lieb wäre wie er. Wenn einer offen vor allen reden darf, so ist es dieser!« Als nun der Vitztum den Mord gestand, sah ihn der Herzog an. »Du Hund«, rief er, als der Geheilte sich auf das Geheiß der Fremden erhob, »das sollst du büßen.« Aber die Frau sprach: »Ihr habt's verschworen.« »Ich habe verschworen, ungestraft zu lassen, was er wider mich getan hat«, entgegnete der Herzog, »aber was er an dem Weibe wider Gottes Huld verbrach, das soll gerächt werden!« und ließ ihn zur selben Stunde in das schäumende Wasser werfen.

Dann sprach er zu der Fremden: »Dich hat uns Gott zum Troste hergesandt. Gehe hin zum König und seinem Bruder und sei herzlich gebeten, daß du dich ihrer annehmest und sie heilst. Davon wird dir hohe Ehre zu teil werden.« Sie aber wies alle Ehre ab und sprach: »Der Arzt ist Gott. Laßt uns hingehen.« So fuhren sie denn mit einem stattlichen Geleite gen Rom. Als sich dort die neue Kunde verbreitete, strömten viele Römer auf der Burg zusammen und empfingen die wunderbare Ärztin mit Jubelrufen. Diese aber trat vor ihren Herrn und sah ihn an. »Wie erbarmt mich mein Liebster!« sprach sie weinend bei sich und das Herz schwoll ihr von Leide. »Bekenne!« sagte sie leise. Aber die Seuche wich nicht von ihm. Da gedachte er seines Weibes und bekannte. Er stand auf, und die Römer jauchzten ihm zu. Dann begaben sich alle zu dem Bruder des Königs. »Neige dein Ohr zu mir«, sprach der Sieche zu der Fremden, die gedenken mußte, was er ihr angetan. »Nein«, entgegnete sie, »du mußt es öffentlich sagen.« Dann bat sie den König, ihm zu verzeihen, wenn er etwas wider ihn verbrochen hätte. Da gestand er, was er getan habe, um seines Bruders Weib zu vernichten. Ein Zorngeschrei erhob sich und die anwesenden Römer wollten sich auf ihn stürzen. Sie aber hieß ihn gesund aufstehen und brachte den König dazu, daß er ihm gnädig blieb und seine Schuld vergab. Als er sie so für seinen elenden Bruder sprechen hörte, sagte eine Stimme in seinem Herzen: »Dies ist Crescentia.« »Wenn du mir eine Bitte gewährst«, sprach er, »so will ich danach tun, was du von mir verlangst.« Sie erwiderte, sie täte es gern; doch nur, wenn auch er ihr eine Bitte gewähre. Das gelobte er denn da vor allen Fürsten. Sie sprach: »So will ich tun, was du begehrst.« Da ließ er eine Schere bringen und schnitt ihr ein Türlein in das Hemde an der Stelle, wo ihr Herz saß. Da kam ein Kreuzlein zum Vorschein, Gott, wie lieb ihm da geschah! Er nannte sie beim Namen und stürzte sich zu ihren Füßen: »Wohl mir, daß ich dich wiedersehen darf! Gott hat dich mir erhalten, daß wir in Freude miteinander altern! Was aber ist nun *dein* Begehr? Es gibt nichts, das ich dir nicht erfüllen möchte.« Da sagte sie: »Verwandle dein Leben, Herr, und begib dich der Welt! Baue Kirchen und Gotteshäuser, ich selbst will in einer Klause wohnen«. Der König erschrak so sehr über diese Rede, daß ihm eine Weile die Sprache versagte. Aber da er so ernstlich gelobt, ihr jeden Wunsch zu erfüllen, so mochte er nicht davon abstehen und entsagte der Krone. Dafür gab ihm Gott das ewige Leben in seinem schönen Himmelreich. Crescentia lebte fürder als Klausnerin, der schöne Dietrich aber wurde Kaiser von Rom.

Der treue Ritter

In Frankreich lebte einst ein erlesener Ritter, namens Willekin von Montabourg, dessen tapferer Sinn auf nichts als Turniere und ritterliche Spiele gerichtet war, so daß er in kurzer Frist in Schulden geriet und bald mehr als zwei Drittel seines väterlichen Gutes vertan hatte. Da weigerte sich der Vater, ihm länger von seinem Gelde zu geben, der Sohn aber versank darob in große Traurigkeit. Denn nicht weniger als fünf Jahre mußte er nun untätig zu Hause verliegen, so daß er des Ruhmes, den er sich bereits weithin erworben, wieder verlustig zu gehen und bald gänzlich in Vergessenheit zu geraten drohte. Da traf es sich nun, daß in einem nahen Lande eine schön erblühte Jungfrau, deren Reichtum zu jener Zeit nicht seinesgleichen hatte, ein Turnier ausrufen ließ. Denn da sie niemand wußte, den sie sich ebenbürtig hätte erachten können, um ihn zum Manne zu nehmen, rieten ihre Freunde, sie möge ein Turnier veranstalten und denjenigen zu ihrem Gatten machen, der darin den Preis erränge. Sie war es zufrieden, berief ihre Edelknechte, versprach ihnen reichen Lohn und sandte sie mit vielen Briefen fort, das Turnier zu verkünden. Da neigten sie sich vor ihr, die ganze Burg erdröhnte von lautem Schalle, und eilten mit ihren Briefen in alle Richtungen des Landes hinaus.

Eines Morgens früh nun gelangte einer der Edelknechte auch in die Nähe des Hauses, wo jener fromme Ritter seine Zeit versaß. Dieser war gerade, um sich die Langeweile zu vertreiben, auf eine Wiese hinausgegangen, als er den Boten auf der Straße dahersprengen sah. Er dachte: »Ich will ihn nicht vorüberlassen und fragen, was er Neues bringt, vielleicht gelingt mir noch etwas, wovon mein Leid geringer würde.« Als der Edelknecht näher gekommen war, bat er ihn anzuhalten und erkundigte sich, was es im Lande für Märe gäbe. Da hub dieser an und sprach: »Ich will Euch neue Kunde sagen, denn mir ist aufgetragen, sie vor niemand zu verschweigen. Meine Herrin ist eine schöne Jungfrau und unermeßlich reich, so daß sie keinen zum Manne nehmen will, er wäre denn ein Held, der im Turnier den Preis erringt.« Da seufzte er laut auf und dachte: »O weh, daß Gott mich so voll ritterlicher Sehnsucht gemacht hat und ich zu Hause bleiben muß!«

Der Edelknecht wollte nun nicht länger warten, so daß der Ritter neben ihm hergehen mußte, bis sie an das Tor kamen. Dort sahen sie seinen Vater stehen. Rasch redete er dem Boten zu, er möge die Märe auch diesem erzählen und zum Beweise der Wahrheit seinen Brief vorzeigen. Der Edelknecht ging gerne darauf ein, wurde vom Vater wohl empfangen, ins Haus geführt und mit Brot, Wein und allerlei trefflicher Speise gelabt. Als der Gast gegessen und getrunken hatte, zog er seinen Brief hervor und sagte: »Wenn hier jemand wäre, der der Schrift kundig ist, der könnte in dem Briefe wohl sehen und lesen, wann das Turnier stattfinden wird, das meine Herrin sich vorgenommen hat. Es sollen gar viele Ritter dahin kommen, auch davon steht mancherlei darin geschrieben.« Da nahm der Schreiber den Brief und las: sogleich wußte er, wer die Dame war, denn ihr Name stand deutlich darin aufgezeichnet. Darauf begann er den Brief zu erklären: es handle sich, sagte er, um eine schöne Dame von gewaltigem Reichtum; was das Turnier beträfe, so habe sie es auf den vierzehnten Tag nach Pfingsten anberaumt und denjenigen zum Gatten ausersehen, der dabei den Preis behielte. Damit nahm der Edelknecht Abschied und ritt weiter. Denn er wußte nicht, daß dies der Ritter sei, von dem man schon in manchem Lande gelesen und geschrieben.

Als nun der Tag des Turniers immer näher rückte, beredete der arme Ritter, der weder Roß noch Schwert besaß, einen seiner Knechte, mit dem Vater zu sprechen und ihn zu bitten, er möge ihm noch einmal helfen, damit er zu dem Turniere reiten könne. »Gut«, sagte der Alte zu dem Knecht, »ich will ihm in Gottes Namen siebenzig Mark geben. Damit möge er zusehen, wie er's zu Ende bringt, mehr soll er nicht haben, denn ich gedenke selbst noch ein Weilchen zu leben. Zwei gute Pferde für ihn und dich, Mäntel und ein Schwert leihe ich auch noch dazu. Damit mögt ihr nun eure Straße ziehen.« Als der Herr erfuhr, was der Knecht ausgerichtet hatte, ward er ohnmaßen froh und traf sogleich seine Zurüstungen. Die Sättel wurden auf die Pferde geschnallt, das Schwert umgegürtet und das Roß bestiegen. So nahm er raschen Abschied und sprengte davon. Seine alte Mutter sah ihm weinend nach, denn sie liebte ihn mehr als sich selbst. Schnell ging sie zu einer Truhe und sandte ihm noch zehn Pfund Goldes hinterher, denn es tat ihrem Herzen weh, daß er auf dem langen Ritte draußen auf der Straße vielleicht seinen Mantel verpfänden müßte. Sechs Wochen ritten die beiden, bis sie sich endlich der Stadt näherten, in der die Jungfrau wohnte.

Da hieß er seinen Knecht vorausreiten, um eine Herberge für sie zu suchen, und sprach zu ihm: »Du kannst noch wählen, denn wir sind mit den Ersten hier. Sieh zu, daß du zu einem reichen Wirte kommst, der uns borgen möchte. Die siebenzig Mark, die ich bei mir habe, sind Spreu vor dem Wind. Denn ich will mit Schalle leben und so freigebig sein, daß der Ruf davon die Stadt erfüllt, möge es mir nun ergehen, wie es will.« So ritt denn der Knecht in die Stadt und bat allüberall um Herberge. Aber er fand keine, die seinem Herrn zu Gefallen gewesen wäre. Er sann hin und her, wie er einen Reichen finden möchte, aber so oft er es auch versuchte, es wollte keiner borgen. Da rief er laut zu Sankt Gertrud, sie möge ihm doch einen Wirt zuführen, bei dem sein Herr in Ehren hausen könnte. Da sah er denn auch schon drei reiche Männer vor einem großen Tore stehen. Rasch ritt er auf sie zu und klagte ihnen sein Leid. Da sprach der eine von den Kaufleuten: »Das redet Ihr mir in den Wind, Herr! Kein Ritter soll je wieder mein Gast sein, denn es gibt ihrer, die sind, scheint's, blind an der Ehre. Da wohnte einer auf Borg bei mir, der starb mir im Hause. Er schuldete mir siebenzig Mark, aber seine Angehörigen sind so geizig, daß ihn keiner von ihnen lösen will und genießen doch reichlich seines Erbes. So haben wir denn den Toten in eine feste Kufe geschmissen und ihn so in meinem Pferdestall unterm Mist vergraben, da möge er nun liegen, seinen Freunden zur Schande! Das Geld aber sollen sie behalten! Denn, ob Ihr mir's glaubt oder nicht, ich kann Münzen prägen, so viel es mir gefällt, das ist mein Recht hier in der Stadt, und brauche bei niemand zu betteln. Ich bin der Reichste am Orte.« Da bat ihn der Knecht noch einmal, denn sein Herr würde ihn gewiß in Ehren lohnen, aber der Bürger entgegnete: »Ich tue es nicht, denn ich hab's verschworen, und zündete eher mein eigenes Haus an und baute ein neues, als daß mir einer hereinkäme, der mir nicht mindestens die siebenzig Mark für den toten Ritter gibt. Wenn Gott mir das Leben schenkt, wollt' ich dann ja wohl borgen, auch dreitausend Mark und mehr, wenn es sein muß.« »Ach«, dachte der Knecht, »nun ist es ganz und gar verloren.« Denn die hohe Miete traute er sich nicht zu bieten. So nahm er denn das Pferd zwischen beide

Sporen und ritt im Galopp zu seinem Herrn zurück ins freie Feld. Dort erzählte er ihm nun, was ihm widerfahren war und daß er keine passende Herberge habe finden können, es wäre denn, daß der Herr einen toten Ritter löse. Da sagte dieser: »Soll ich die Toten lösen, wer weiß, was Böses daran hängt! Hast du aber nicht erfahren, wie hoch das Lösegeld sich belaufen mag?« »Ach, Herr«, entgegnete der Knecht, »es ist wahrlich zu stark: siebenzig Mark sollen es sein, und er läßt nicht ein Haar davon ab.« »Wohlan, so gib es ihm und sprich, daß ich ihn bitten lasse, er möge vier Rotten der besten Männer dingen, jede Rotte zu zwölf Mann, die mich geleiten sollen. Dann möge er guten Wein und reichliche Speise einkaufen, damit wir fürstlich leben können.«

Der fromme Knecht ließ sich das nicht zweimal sagen und sprengte eilends zurück bis zu demselben Tor. Als der Wirt gerade herauskam, sprang er schnell ab und sprach: »Kommt nur her zu mir, guter Mann, Ihr wißt ja nicht, wozu mein Herr fähig ist. Er will den Toten lösen, gleichgültig, ob er redlich oder böse gewesen, um seines Namens willen. Denn er müßte sich Zeit seines Lebens schämen, wüßte er von einem Ritter, der in Eurem Miste begraben liegt.«

Sogleich rief der Wirt nach der Wage. Als der Knecht ihm das Silber gegeben hatte, wog er gar genau, und befand es richtig. Besänftigt ließ er nun alles so besorgen wie es des Ritters Wunsch war: er dang vier stattliche Rotten, die den Herrn alsbald mit Ehren in die Stadt geleiteten. Dafür schenkte dieser ihnen Sättel und Schilde und prächtige Kleider und waltete in Allem der größten Freigebigkeit. Den Toten aber befahl er auszugraben, ließ ihm einen neuen Sarg zimmern und stellte des Nachts Wachen bei ihm auf, ihn nicht minder ehrend, als ob es sein leiblicher Vater gewesen wäre. Des Morgens wurde der Leichnam zur Kirche getragen und laut die Glocken geläutet. Mit einer unzähligen Schar folgte der Herr dem Zuge und ließ unter alle, die daran teilnahmen, ob arm oder reich, Pfennige austeilen, um der Leiche zu opfern. Darob erscholl bald sein Lob in der ganzen Stadt und mancher sprach Gutes von ihm, der ihn nie mit Augen gesehen hatte. Da vernahmen auch die Spielleute von dem freigebigen Ritter und machten sich in großen Scharen auf und spielten vor seiner Tür. Er ließ ihnen Gewänder und Silber reichen, und gab jedem, was sich für ihn gebührte, so daß keiner ohne Frohsinn von seiner Türe schied. Denn er hatte Tag und Nacht keine andere Sorge, als wie er allen aus vollem Herzen mitzuteilen vermöchte. So lebte er denn mit Schalle, ritt oft durch die Stadt und bat die besten Ritter bei sich zu Gaste. Darob waren ihm alle Leute hold und wünschten ihm Glück und Segen von Herzen. Daß aber auch der Tote sein nicht vergaß, davon sollt Ihr noch mehr erfahren. Denn also geschah es durch Gottes Willen.

Eines Morgens nämlich beklagte sich der Ritter, daß er kein Pferd habe, das ihm behagen könnte, und begann schon darob recht zaghaft und traurig zu werden. Da schlug der Wirt ihm vor, er wolle ihm eines kaufen, das Geld läge für ihn bereit und er wolle gern ein Jahr und mehr zuwarten. Aber so viele Pferde er auch versuchte, es wollte ihm keines so gefallen, daß er es erwerben mochte. Da, als er eines Tages am Fenster saß, um der kühlen Luft zu genießen, sah er draußen einen Ritter dahersprengen auf einem Roß, das ihm sogleich auffiel. Der Ritter war mittleren Alters; und trug schneefarbene Kleider. Sein Roß aber war das vollkommenste, das man sich vorstellen mochte: Er gab ihm die Sporen, da trug es ihn im Sprunge an dem Fenster vorbei. »Um aller Frauen willen«, rief ihm da der Herr zu, »laßt mich Euer Pferd beschauen.«

Da erwiderte der fremde Ritter: »Es sei, denn wenn es aller Frauen Ehre gilt, so wollt' ich es selbst in Stücke darum schlagen.« Da er nun dem Herrn das Pferd übergab, liefen die Leute von allen Seiten zusammen und begafften es wie ein Wunder, und die Ritter erklärten, nie ein schöneres Roß gesehen zu haben. Willekin aber wollte das Tier um jeden Preis besitzen und fragte den Fremden, für wie viel er es ihm ablassen würde. Dieser jedoch entgegnete: »Um Geld ist es mir nicht feil, es wäre denn, daß Ihr alles, was Ihr auf seinem Rücken bei dem Turnier erwerbt, zu gleichen Hälften mit mir teilen wollt.« »Das tue ich nicht«, sagte der Herr, »gebt es mir, aber um geziemendes Gut.« »Ihr mißkennt mich«, erwiderte der Ritter, »ich bin kein Mann, der Handel treibt.« »So laßt es mich wenigstens versuchen, damit ich sehe, ob es mir taugt.« Willekin sprang auf und erkannte sogleich, daß es ein treffliches Roß und wohl hundert Mark wert wäre. Der Ritter aber wiederholte seine Forderung: daß er es ihm nur geben wolle, wenn er sich durch Treueid verpflichte, ihm, wenn die Jungfrau und ihr Land ihm zu eigen würden, redlich von allem die Hälfte mitzuteilen. Da hielt sich Willekin nicht länger und gelobte ihm, falls der Preis ihm morgen zufiele, den Eid genau zu erfüllen. Damit übergab ihm der Ritter das Roß und entfernte sich.

Am andern Morgen früh machte sich Willekin mit all den Seinen auf, um zu dem Turniere zu ziehen. Da gab es gar großen Schall von Pfeifen und Fiedeln. Er selbst saß auf einem prächtigen Sessel, man trug ihm seine Waffen zu und er legte eines nach dem andern an. Rings erschollen Gebete, daß Gott ihn wohl behüten und zu Ehren möge kommen lassen. Als er gerüstet war, wurde ihm ein Pferd vorgeführt, das einen edelsteinschimmernden Baldachin trug. Er sprang auf, sein roter Waffenrock leuchtete. Die Herrin selbst hatte ihm diesen gesandt, einen Rock von blutroter Seide, damit sie ihn von der Zinne erkenne, ob ihm kein Leid widerfuhr.

Als er ins Feld kam, wurde zuerst sein Name ausgerufen und alle jubelten ihm zu, als er in den Ring einritt. Die schöne Frau aber wünschte von Herzen, daß er und kein andrer den Preis erhalten möge. Nun ritt er mit einem armgroßen Speere vor und begehrte zu tschustiren. Da kam einer wider ihn, zielend faßten sie einander ins Auge und hui! stachen beide zu, daß ihre Speere zerbrachen. Doch stach ihn Willekin in den Sand, wie nachher noch manchen andern, der sich vermaß, gegen ihn zu tschustiren. Inmitten des aufgewirbelten Staubes, in Hieb und Widerhieb auf Helme und Schilde empfand er deutlich, daß niemand ringsum war, der ihm den Preis nicht zuerkannt hätte. So ritt er denn, als der siegreiche Tag beendet war, wieder nach Hause, legte den Harnisch ab, kleidete sich in ein schönes Gewand und setzte sich frohen Sinnes nieder. Als ihm der Preis zuerkannt worden, wollte die Herrin nicht anders, als selber zu ihm gehen. Mit einer großen Schar schöner Begleiterinnen erschien sie denn auch bei ihm, begrüßte ihn freundlich und sprach mit lieblicher Stimme: »So will ich Euch denn sagen, daß Ihr nichts als Glück von mir erwarten mögt. Niemand soll uns scheiden, ich bin mit Leib und Gut die Eure, so lange ich lebe.« Da neigte er sich vor ihr und sprach: »Wohl mir, daß mir also geschieht! Ihr habt so liebliche Gestalt, möge Gott uns alt werden lassen.« »Das möge er!« wiederholte sie. »Aber nun laßt uns nicht länger hier zögern, auf, wir wollen essen gehen!« Da rief er: »Und hätte ich tausend Heere, Euch wollte ich ohne Waffen folgen.«

So ging sie denn zu Tische, mancherlei erlesene Speisen und Weine wurden da aufgetragen und verschänkt. Musik ertönte zu dem Hochzeitsmahle, und da der Ruf des Turniers sich weithin verbreitet hatte, sah man da gar viele Ritter in prächtigen Gewändern, die zu dem Feste herbeigeeilt waren. Dann wurde sie ihm zu Bette gebracht. Hätte er sich in Gedanken ein Weib vorgestellt, daß aller Frauen höchste Vollkommenheit besäße, ihr Leib war noch lieblicher als irgend einer, den er sich in seinen Träumen erdenken mochte. Wem Gott es vergönnt haben würde, sie dort zu schauen, dem wäre gar großes Heil widerfahren. Da lagen sie in dem Bette, doch sie schliefen wohl nicht viel: die Nacht ward ihnen wie eine Stunde von den sanften Küssen ihres roten Mundes. Als er des Morgens erwachte, schien ihm aufs Neue ein Liebes zu geschehen, als er sie neben sich liegen sah als ein Bildnis der lieblichsten Vollkommenheit mit lilienweißen und rosenroten Wangen. Nun war alle seine Sorge zerronnen, die ihn so arg bedrückt, so lange er mit der Armut gerungen. Am nächsten Tage ward dann die Hochzeit weitergefeiert, weidlich getafelt und allerlei Kurzweil getrieben den ganzen sommerlangen Tag, auch von den vielen anwesenden Rittern manches wackere Kampfspiel geübt, der edlen Braut zu Ehren. Desselben Abends nun, als man gegessen und noch eine Weile bei Tische gesessen hatte, hieß man die Herrin aufstehen und sich zu Bette begeben. Kaum hatte sie sich ausgezogen und niedergelegt, so kam auch schon der Gatte, von Liebe glühend, nach. Man zog ihm die Schuhe aus, er hieß alle hinausgehen und wollte den Riegel vor die Tür schieben. In diesem Augenblicke stand aber plötzlich der Ritter vor ihm, der ihm das Roß gebracht, und sprach: »Herr, habt Ihr vergessen, daß Ihr mit mir teilen müßt? Ihr habt gestern Nacht bei ihr gelegen, nun sollt Ihr Gesellschaft haben.« »Bis morgen«, entgegnete der andre, »dann will ich Euch gerne die Hälfte ihres Gutes geben.« »Nein«, sagte der Ritter, »auch die Frau ist halb mein.« »Das laßt, um Gottes willen!« rief da der Herr, »denn dies wäre der Hölle Spott. Gäbe ich Euch die Frau dahin, weh, was wäre mir noch das Leben wert! Und ehe ich dies tue, will ich lieber den Leib verlieren.« »Wenn Ihr treulos seid, müßt Ihr den Eid nicht einlösen«, entgegnete der Fremde. »Ich will Euch gerne wählen lassen, verliert, was Ihr wollt: Die Frau oder die Treue. Nun ist es bei Euch, zu handeln, wie Euch gut dünkt.« Als er so seine Treue anrief, ergriff ein tiefer Jammer sein Herz und alles, was er kaum erst an Freuden gewonnen, sank im Augenblick dahin. »Weh«, rief er, »daß ich so alt geworden bin, um solches Leid zu erfahren! Hätten sie mich auf dem Felde erschlagen, seht, das wäre mir lieb. Denn nun bin ich auch an der liebsten Frau zum Verräter geworden und wahrlich wert, als ein Dieb zu hängen. Verflucht sei das Pferd, daß ich es je mit Augen sah!« Dann setzte er weinend hinzu: »Von der Treue kann ich nicht lassen.« »Wohl«, sprach der fremde Ritter, »so geht! Aber Ihr zögert noch, ich weiß wohl, warum.« Da sah Jener ihm mit jammervollen Blicken ins Gesicht: »Ihr dünket mich ein guter Mann, laßt es mich erfahren! Bedenkt, stieße einer Euch von der Tür Eures schönen Weibes, Ihr schlüget ihn nieder, das weiß ich gewiß. Nehmt denn mein Gut ganz dahin, aber die Frau laßt mir allein.« »Eure Rede verschlägt mir nichts«, sagte der Ritter. »Und wäre dafür die ganze Welt mein bis zum Tage des Gerichts, ich achtete es nicht höher als Spreu. Und wären alle Steine Gold, ich nähme sie nicht, denn ich will mein Teil an der Frau haben. Aber gesteht mir offen Eure Meinung: wenn Ihr nicht hinausgehen *wollt*, so sagt es frei, und ich lasse Euch beides: Frau und Gut.« Das entschloß er sich und ging hinaus.

Der Ritter schloß hinter ihm die Tür, aber nur zum Scheine, denn er ließ sie ein klein wenig offen stehen. Da sah er, daß der draußen sich das Haupt verhüllt hatte. Leise ging er hinaus zu ihm und sprach: »Herr, ich habe Euch versucht, aber Gott ist Euch gnädig. Denn nun sollt Ihr wissen, wer ich bin, und wie ich durch Euch höheren Gewinn erwarb, als Ihr selber je gewonnen; denn ich bin eines armen Fleisches Schattenbild, das hier im Miste begraben gelegen. Ihr aber habt mich aus großer Not erlöst.« »Woran soll ich erkennen, ob Ihr die Wahrheit redet, daß Gott mich also versuchen wollte?« fragte jener. »Das sollt Ihr sogleich erfahren. Stehe ich nicht hier in Gestalt eines Mannes? Nun greift nach mir und seht, wer ich sei.« Da griff er nach ihm, aber seine Hand fuhr durch ihn hindurch wie durch einen Schein an der Wand. Da lachte der Graf gar sehr: »Freilich, wozu sollte Euch Weib oder Gut?« »Ich habe keinen Körper«, sagte der gespenstische Ritter, »und lebe in der Gnade Gottes.« Damit fuhr er als ein strahlender Engel auf zum himmlischen Thron. Willekin von Montabourg aber lebte fürderhin glücklich zum Lohn für seine Treue.

Das Auge

Es lebte einmal ein Ritter, der war nicht nur wegen seines adligen Wesens und hohen Sinnes berühmt, so daß man ihn allenthalben zu den Besten zählte, die je gefunden worden, sondern auch durch Mannhaftigkeit und einen siegreichen Arm, der manchen Gegner im Turnier aus dem Sattel warf, so, daß er wahrlich jeden Makels frei gewesen wäre, wenn ihm nicht eines gemangelt hätte: Schönheit Gesichtes und Leibes. Denn schwarz, dünn und struppig war sein Haar, seine Gesichtsfarbe fahl und ohne Frische, sein Leib gar häßlich gewachsen.

Dieser Ritter nun besaß eine Frau, schöner als alle, die zu ihren Zeiten lebten, eine Blume reiner Weiblichkeit und licht wie das Glas eines Spiegels. Die liebte ihren Mann so sehr, daß sie keinen andern Gedanken hatte, als wie es ihm, nach dem Willen seines Herzens, wohl würde bei ihr, und er ein Gefallen an ihr fände. Auch war sie so rein von Sitten, daß man nie etwas von ihr sah, das besser vermieden worden wäre denn getan, so sehr lebte sie in einem wunderbaren Einklange mit sich selbst.

Deshalb achtete er ihren Besitz auch höher als alles auf der Welt, und war ihr mit der steten Liebe eines ungeteilten Herzens zugetan. Nur das war seine Furcht, daß sein mißwachsener Leib sie betrüben und sie darob an ihm wankend werden möchte. Aber dessen hatte es keine Not, denn ihre Treue war fester als ein Edelstein: stets wenn er, gewohnt, in fremden Ländern ritterlichen Ruhm zu suchen, vom Turnier oder Kriegsdienst als der Gepriesensten einer nach Hause kam, empfing sie ihn mit solcher Lieblichkeit, daß er sein Leben nicht um all der Welt Leben hingegeben hätte. Die Schöne vergalt ihm so viel Dankbarkeit, so daß ihre Herzen eines Sinnes waren, und sie eins am anderen froh und glückselig wurden.

Nun fügte es sich eines Tages, daß der Ritter des Ruhmes wegen zu einem Turniere ritt, wozu ihn die Schöne und Herrliche selbst auf ritterliche Art geschmückt hatte. Er kämpfte daselbst wider einen Gegner, an dem er einen Speer zerbrach, und verwundete ihn am Arme; dieser aber, auch nicht faul, traf ihn wieder und stach ihm dabei ein Auge aus. Da war keiner, der den schmerzlichen Verlust, der ihm geworden, um seiner hohen Mannheit willen nicht aufrichtig beklagt hätte. Als er nun zur Herberge kam und den großen Jammer hörte, der seinethalben überall erscholl, dauerte ihn sein Unglück mehr wegen seines Weibes, als um seiner selbst willen.

Er rief seinen Knappen, der ihm blutsverwandt und lieber war als jeder andere, denn er kannte ihn als treu und mutig im Dienst, hieß ihn sich zu ihm setzen und sprach: »Vetter, nun zeige mir einen Weg und rate mir, was unter den gegenwärtigen Umständen geschehen soll!« »Wie?« entgegnete der Knappe, »darin sollt Ihr mir einen Weg zeigen! Was immer Ihr wollt, dazu rate auch ich von Herzen.« Da sprach der freudelose Mann: »Du hast selber wohl gesehen, was Leides mir widerfahren ist. Ehe nun mein mißratener Leib fürderhin mein reines Weib betrüben sollte, eh' wünschte ich, daß man mich auf der Stelle töte. Sie hat mich in ihrem edlen Sinne auf mancherlei Weise geehrt und ist nie an mir wankend geworden. Wahrlich, das wäre niedrig gehandelt, ließe ich sie nun an mir sehen, wovon ihr Leid erwachsen und dessen sie sich um meinetwillen schämen müßte. Ich war schon ehedem nicht eben wohlgetan, jetzt möchte ich ihr leicht unangenehm und widerwärtig sein.« »Herr«, sprach der Knappe da, »Gott mit Euch, was redet Ihr denn da? Meine glückselige Herrin ist so gut, daß sie nimmer anders gegen Euch sein wird als vordem auch. Ihr sollt den Zweifel von Euch lassen und an Euch selbst nicht ganz verzagen! Laßt mich hingehen und ihr die Kunde bringen: und wie sie sich darauf verhält und Antwort gibt, danach handelt dann, das rate ich. Ich bitte Euch, laßt mich heim reiten, ihr die Mär anzusagen.« Das dünkte dem Ritter nicht minder gut, als dem Knappen.

So ritt denn dieser schleunig von dannen nach Hause. Als ihn die Frau kommen sah, rief sie ihm sogleich entgegen: »Sag an, wo ist mein Herr? Daß er in Freude lebe!« »Herrin, er will nun nicht mehr kommen.« »O weh, warum? Hat ihn Unglück getroffen?«

»Ja, Herrin, ihm ist ein Kleines am Leibe geschehen.« »O weh, mir armen Weibe«, sprach sie, »was ist ihm widerfahren? Das sage mir um Gottes willen!« »Reine Fraue, hochgeboren, er hat leider, da er bei dem Turniere mit ritterlicher Kraft um Ehre warb, ein Auge verloren.« Da sagte sie: »So möchte er doch wohl gekommen sein.« »Herrin«, entgegnete der Knappe, »es ist ihm Ernst und er will Euch nimmermehr wiedersehen. Ihr habt bisher all die Zeit so züchtig seinen mißratenen Leib ertragen, daß er Euch, reine, glückselige Frau, nimmer zur Last liegen will. Denn dies wäre zuviel Beschwer, solltet Ihr ihn nun immer sehen müssen als einen halberblindeten Mann. Sein Anblick, sagt er, sei so häßlich, daß er Euch von ihm und der Schande befreien will. Und dächtet Ihr auch anders, so müßte doch der Zweifel ihn quälen. Dessen will er Euch und sich verschonen, so gedenkt er denn sich abzukehren von aller weltlichen Ehre um Gottes willen, zum heiligen Grabe zu fahren und Leib und Leben fürderhin nur Gott zu weihen, damit Ihr beide die Seligkeit erwerbet. So hat er es beschlossen und mich in dies Land zurückgeschickt, es Euch anzusagen. Glaubt, sein Scheiden wird seinem Herzen alle Freude und Mut verbittern.«

Da sprach die reine, gütige Frau: »Habe ich ihm sonst nichts zu Leide getan, warum er mich verlassen will, als daß er fürchtet, ich möchte mich seines Anblicks schämen?« »Dem ist nun nicht anders«, erwiderte der Knappe. »So möchte doch wohl noch Rat werden«, sagte sie. »Geht es um nichts, als um diese Furcht, so will ich ihm den Mut wiederschaffen, daß er ohne Zweifel sei. Bleibe du hier und warte auf mich!«

Rasch ging sie hinaus, begab sich in eine abgelegene Kemenate, ergriff eine spitze Schere und stach sich, ihren Mann von den Schmerzen seines Zweifels zu befreien, das eine Auge aus, so daß sie Zeit ihres Lebens nicht mehr damit sehen konnte. So ging sie dann wieder zu dem Knappen zurück und sprach: »Sage deinem Herrn, er möge nun ohne Zweifel sein, da wir jetzt gleiche Waffen tragen. Wenn ich ihn immerdar geehrt habe, so geschah es ohne Scham nur um der Liebe willen, mit der ich ihm zugetan bin. Mahne ihn, daß er nun zu mir komme, er würde mir jetzt zwiefach so lieb sein, als er schon vordem gewesen.«

Dem Knappen wurde bitter weh, als er sah, was sie getan hatte. Rasch ritt er von dannen, bis wo er seinen Herrn fand, und erzählte ihm alles, was sich zugetragen. Der Ritter versank in Traurigkeit und klagte laut über das schreckliche Zeugnis ihrer Treue. Als er aber genesen war, fuhr er heim zu seinem lieben Weibe, und sie lebten fortan in unwandelbarer Freude zusammen bis an ihren Tod.

Kaiser Ottos Bart

(Konrad von Würzburg)

Ein Kaiser, Otto mit Namen, dessen Majestät manches Land mit Fürchten untertänig war, besaß einen schönen und langen Bart, dessen er mit Sorgfalt pflegte. Was er aber bei diesem seinem Barte schwor, das geschah ohne Gnade und Widerrede. Er hatte rötliches Haar und war finster, böse und gewalttätig. Wer etwas wider seinen Willen tat, verlor das Leben, und wenn nun gar der Eid über ihn gesprochen war: »Das büßest du mir, bei meinem Bart!«, so konnte er sicher sein, augenblicks vom Leben zum Tode gebracht zu werden. So war schon manchem Leben und Leib genommen worden, der bei ihm in Ungnade geraten war.

Nun hatte er einst auf der schönen Feste Babenberg eine große Festlichkeit zurüsten lassen. Es war um die Osterzeit. Da kamen aus den umliegenden Klöstern viele hohe Äbte und edle Bischöfe zu dem kaiserlichen Hoflager, desgleichen in glänzenden Scharen Grafen, Freie und Dienstmannen. Als nun die österliche Messe gesungen war, standen da bereits all die Tische feierlich gedeckt und Brot und schöne Trinkgefäße darauf gesetzt, damit, wenn der Kaiser mit seinem fürstlichen Gefolge aus dem Münster käme, er sogleich alles zum Essen und Trinken bereitet fände. Unter den Gästen befand sich auch ein edler Knabe, lieblich an Seele und Leib, den sein Vater, um ihn mit der Welt bekannt zu machen, mit zu Hofe geschickt. Es war dies der mächtige Herzog von Schwaben, das Kind der einzige Erbe so großer Gewalt und allen Menschen lieb. Zufällig traf es sich nun, daß dieser seine Knabe in den Saal kam und auf den Tischen die linden Brote liegen sah. Da nahm er sich eins davon mit seinen blanken Händlein, um es zu essen, wie Kinder eben tun, die, noch unerfahren in Sitten, gerne früh essen mögen, wenn ihnen der Sinn darnach steht. Als der junge, liebliche Fürst das Brot genommen und gerade ein Stücklein davon abgebrochen hatte, kam just des Kaisers Truchseß mit seinem Stabe daher, um verkündigen zu lassen, daß, sobald die Messe zu Ende sei, das Mahl beginnen werde. Als er wahrnahm, daß der Junker von dem Brote genommen, wurde er sofort zornig, denn er war jähen und aufbrausenden Sinnes, lief auf den Jüngling zu und schlug ihn mit dem Stabe, den er in der

Hand trug, so heftig auf den Kopf, daß das rote Blut dem holdseligen Knaben über Scheitel und Haar troff. Er stürzte nieder, blieb sitzen und weinte heiß und bitterlich.

Daß der Truchseß den Knaben so zu schlagen wagte, ersah aber ein Held und auserwählter Ritter, namens Heinrich von Kempten, der als des jungen Fürsten Zuchtmeister mit ihm von Schwaben hierhergekommen war. Als er wahrnahm, daß das edle Kind, das er mit Zärtlichkeit erzog, so unbarmherzig geschlagen wurde, geriet er in heftigen Zorn und brennendes Leid und sprach also zu dem Truchseß: »Was hattet Ihr denn an dem Knaben zu rächen, daß Ihr Eure ritterliche Zucht zerbracht, indem Ihr eines edlen Fürsten Kind so grausam schlugt? Ihr möget wissen, das handeltet Ihr wider Eure Pflicht!« »Des mögt Ihr ganz beruhigt sein«, erwiderte der Truchseß, »es ziemt mir wohl, einem groben Schalk zu wehren und Jeglichen mit Schlägen zu strafen, der zu Hofe gehen will, ohne Zucht zu kennen. Ihr tätet besser, von dergleichen Rede abzustehen! Denn ich fürchte Euch so wenig, wie der Habicht das Huhn. Was wollt Ihr denn nun dawider tun, daß ich den Herzog schlug?« »Das sollt Ihr schnell genug erfahren«, rief Heinrich von Kempten, »denn daß Ihr es wagtet, mit unkeuscher Hand so niedrig an dem edelsten Kinde zu handeln, dafür soll Euer Blut den Estrich färben.« Damit ergriff er einen großen Knüttel, schlug ihn damit auf den Kopf, daß ihm das Hirn zerbarst wie ein Ei und der Schädel mitten entzwei sprang. Der Getroffene begann sich um und umzudrehen wie ein Topfscherben, rund im Kreise um sich selbst, dann fiel er auf den Estrich und lag da jämmerlich tot, während sein Blut weithin den Saal rötete. Darob erhob sich ein großes Geschrei und gewaltiges Lärmen.

Indessen war auch der Kaiser gekommen, hatte Handwasser genommen und sich zu Tische gesetzt. Da sah er das frische Blut auf dem Estrich und sprach: »Was ist hier geschehen? Wer hat den Saal verunreinigt, daß er blutig geworden ist?« Da sagte ihm die Gefolgschaft, daß ihm soeben der Truchseß erschlagen worden. »Wer hat mir solches Leid angetan?« fragte der Kaiser zornig. »Das tat Heinrich von Kempten«, riefen alle zugleich. »Wohl«, sagte der Kaiser, »wenn er es war, der den Truchseß um das Leben brachte, wahrlich, so ist er uns zu früh von Schwaben in dieses Land gekommen. Er werde sofort vor mein Antlitz beschieden, damit ich ihn frage, warum er mir so bittern Verlust zugefügt.« So wurde denn der Ritter vor den Kaiser geladen, dessen Antlitz nichts Gutes versprach. Schon als er ihn von ferne sah, rief er ihm im Zorne entgegen: »Wie habt Ihr so getobt, daß mein wackerer Truchseß von Euch ermordet liegt? Ihr habt die Ehre und Zucht meines Hofes zerbrochen und vielfache Ungnade auf Euch geladen, die sich noch bitter an Euch erweisen soll.« »Nein, Herr«, entgegnete der kühne Heinrich von Kempten, »laßt mich Gnade und Huld vor Eurem Antlitz finden! Vernehmet erst meine Schuld und Unschuld! Und wenn es sich dann offenbart, daß ich Euren Zorn verdient habe, so fällt mich, Herr durch die Kraft der Majestät. Sollte es sich aber erweisen, daß die Schuld nicht mein ist, so gönnet mir bei dem Gott, der heut an diesem österlichen Tage auferstanden, daß ich des Lebens und der edlen Gesellschaft genieße, die hier versammelt ist, und ehret an mir Ärmsten dieses Fest!«

Der Kaiser aber, finster und mit gerötetem Antlitz, antwortete ihm aus einem ergrimmten Herzen: »Der schuldlose Tod unseres Truchsessen hat uns so tief mit Leide erfüllt, daß wir keine Gnade geben werden. Meine kaiserliche Huld sei Euch für ewig entzogen. Ihr büßet es bei meinem Bart.«

Der edle Ritter Heinrich verstand den Sinn dieses Eides wohl und daß er sogleich und ohne Widerrede vom Leben zum Tode solle gebracht werden. Da beschloß er in seinem Herzen, das zornig zu wallen begann, sein Leben zu verteidigen, wie er es vermochte und rief: »Da Ihr ohne Gnade seid und ich sehe, daß ich im Ernste sterben soll, wohlan denn, so dünke ich mich im Rechte, mich dessen zu wehren auf jede Weise, die mir dazu nützlich scheint.« Damit sprang er schnell auf den Kaiser zu, ergriff ihn bei seinem langen Bart und schleifte ihn über den Tisch, daß die Schüsseln mit Fleisch und Fischen in den Schmutz rollten, Kinn und Mund des Stürzenden gar manches Haar verlor und sein kaiserliches Haupt nicht übel verschimpfiert wurde: denn die Krone, die darauf gesessen, fiel herab in den Saal, des gleichen all der reiche Schmuck, mit dem der Kaiser geziert war, während Heinrich ihn mit Geschick unter sich brachte, ein Messer von der Seite zog, es ihm an die Kehle hielt und ihn am Halse kräftig würgend, also sprach: »Nun gebt mir Sicherheit und Bürgschaft, daß Ihr mir Gnade wollt zuteil werden lassen, und nehmt den Eid zurück, sonst hält mich nichts, Euch nach Gebühr den Hals abzuschneiden.« Dabei raufte er den Kaiser immer noch an seinem langen Bart und würgte ihn so sehr, daß dieser kein Wort hervorzubringen vermochte. Zwar sprangen alle die edlen Fürsten auf und drangen herzu, um ihn zu befreien, aber der von Kempten rief ihnen entgegen, sie möchten sich hüten, ihn anzurühren, denn sonst sei es zuerst um den Kaiser und dann um den geschehen, der sich als Erster herangewagt. Da zog einer nach dem andern sich zurück. Als der Kaiser dies bemerkte, begann er, so gut er es vermochte, heftig zu winken und Zeichen zu geben und gelobte mit erhobenen Fingern endlich bei seiner Ehre, den Ritter unversehrt von dannen ziehen zu lassen. Sofort gab ihn Heinrich frei und ließ den Bart los. Der Kaiser stand auf, setzte sich auf seinen reichen Prunksessel, strich sich lange Haar und Bart zurecht und sprach dann also zu dem Ritter: »Ich habe Euch Sicherheit gegeben, Eures Lebens zu schonen. Nun aber zieht Eurer Straße, dergestalt, daß ich Euch nimmer mit Augen sehe. Ich kann Eure Dienste nicht mehr gebrauchen, und wenn ich künftig eines Barbiers benötige, so will ich mich an einen andern wenden, denn Ihr seid. Dies schwöre ich bei Gott, nie wieder soll Eure Schere meinen Bart berühren dürfen, denn Ihr seid mir ein gar übler Bartscherer und schneidet den Königen die Haut zugleich mit dem Haare ab. Deshalb verlasset augenblicks meinen Hof und dieses Land!« So nahm denn der Ritter Abschied von des Kaisers Mannen und ritt nach Hause ins Schwabenland, wo er ein reiches Gut von dem Kemptener Stift zu Lehen besaß.

Zehn Jahre waren seither vergangen. Da geschah es, daß Kaiser Otto einen gewaltigen Krieg führte und jenseits des Gebirges vor einer glänzenden Stadt im Felde lag. Er und die Seinen hatten schon manchen Anschlag ersonnen, die Feste mit Steinen und Pfeilen zu bekriegen, doch fehlte es an Mannen. Da sandte der Kaiser hinaus nach deutscher Ritterschaft und ließ allüberall verkünden und ansagen, wer immer etwas vom Reiche zu Lehen besäße, möge ihm unverzüglich nach Apulien zu Hilfe eilen, andernfalls er das Lehen verwirkte. So kam denn auch ein Bote mit der Nachricht zu dem Abte von Kempten, dessen Dienstmann der tapfere Heinrich war. Als der ehrenwerte Fürst die Botschaft des Kaisers vernahm, war er sofort zur Fahrt bereit und ließ alle seine Dienstmannen auffordern, ihm Gefolgschaft zu leisten. Den Ritter von Kempten ließ er noch besonders zu sich kommen und sagte ihm, daß er seiner vor allen andern bedürfe, um mit seinem Heerbann in Ehren zu bestehen. »Ach, Herr was sprecht Ihr da?« entgegnete Heinrich. »Ihr wisset doch gar wohl, daß ich es nicht wagen darf, mich vor dem Kaiser sehen zu lassen, da ich seine Huld für immer verwirkt habe. Darum erlasset mir die Reise, aber ich habe zwei Söhne erzogen, die mögen mit Euch fahren, so habt Ihr deren zwei statt eines einzigen.« »Nein«, sagte da der Abt, »ich begehre ihrer nicht. Niemand vermag mir Eure Tapferkeit im Kampf und Eure Geschicklichkeit zu ersetzen, auf Euch allein ruht meine Ehre und mein Trost. Und wenn Ihr widerstrebt, weiß Gott, so will ich einem andern geben, was Ihr von mir zu Lehen habt.« »Ei«, rief Heinrich, als er dies vernahm, »ist die Rede so, daß ich darob mein Lehen verlieren soll, so fahre ich, Gott helfe mir, mit Euch, was immer daraus werden mag. Wenn der Kaiser mir Übles tut, so will ich's im Namen Christi erdulden, um Euch zu dienen.«

So rüstete er sich denn zu der Fahrt und zog mit seinem Herrn über das Gebirge, bis sie vor der Stadt ankamen, wo der römische Schirmherr mit seinem gewaltigen Heere lag. Heinrich aber barg sich vor des Kaisers Angesicht, denn er fürchtete den alten Haß, und schlug sein Zelt etwas entfernt von dem kaiserlichen Lager auf. Eines Tages nun, als er, nach der langen Reise einer Erfrischung bedürftig, badend in einem Zuber saß, der ihm aus einem nahen Dorfe hingebracht worden, sah er aus der Stadt eine Schar von Bürgern kommen, der Kaiser aber ritt ihnen entgegen. Denn er gedachte, gemeinsam mit ihnen über das Schicksal der Stadt zu beraten, um die Belagerung schneller zu Ende zu führen. Jene aber hatten den hinterlistigen Plan ersonnen, den Kaiser bei dieser Gelegenheit niederzuschlagen und zu ermorden. Sobald er sie ansprach, wollten sie ihn niedermachen und töten, ehe er noch ein Wort zu sagen vermöchte, denn er war aller Waffen bar und ledig. Schon wollten sie den heimlichen Anschlag ausführen und den Kaiser, der ungewarnt der Gefahr entgegengeritten war, mit ihren frechen Händen berühren, als Heinrich aus seinem Bade ersah, wie hier Niedertracht und Mord geübt werden solle. Da sprang er rasch aus dem tiefen Zuber, ergriff einen Schild, der an der Wand hing, und ein auserlesenes Schwert und lief so, nackend wie er war, zu dem Kaiser. In Wehr und Gegenwehr schlug er mehr als einen von den Feinden zu

Boden, daß er jämmerlich tot lag und sein Blut die Erde färbte, die Übrigen aber jagte er mit seinem Schwerte in die Flucht. Dann lief er zurück, setzte sich schnell wieder in sein Bad und badete gemächlich wie zuvor.

Indessen ritt der Kaiser in jagender Flucht zu seinem Heere zurück, stieg, als er bei seinem Gezelte angekommen war, vom Rosse und setzte sich, noch brennend vor Zorn, in den kaiserlichen Sessel. Wer ihn mit so mannhafter Kraft aus der Gefahr erlöst, wußte er nicht, denn er hatte Heinrich nicht erkannt.

Die Fürsten strömten von allen Seiten herzu, da sprach der Kaiser zu ihnen: »Ihr Herren, seht, wie nahe ich dem Verrate war! Hätten nicht zwei ritterliche Hände mir geholfen, wahrlich, ich wäre verloren gewesen und um Leib und Leben gekommen. Wüßte ich, wer das war, der mich nackten Leibes aus der Gefahr errettet, den wollte ich belohnen und beschenken. Denn es ist seinesgleichen nicht in der ganzen Ritterschaft.« Nun wußten alle, die rings im Kreise standen, gar wohl, wer dem Kaiser geholfen, und sprachen einer um den andern: »Wir kennen den Helden gut, der Euch vom Tode gerettet. Leider aber steht es so übel um ihn, daß Eure Ungnade auf ihm lastet. Möchtet Ihr ihn wieder in Eure Huld aufnehmen, wir ließen ihn Euch gerne sehen.« Da entgegnete der Kaiser, und wenn der Mann seinen Vater erschlagen hätte, er wolle ihm dennoch Gnade bezeigen. Da nannten sie ihm den Heinrich von Kempten. »Daß er in dieses Land gekommen ist, höre ich gerne«, erwiderte der Herrscher. »Wer anders hätte dies auch getan, nackend zu streiten, als der den Mut besaß, den Kaiser am Barte zu raufen? Wahrlich, sein Herz ist fröhlich und guter Dinge, das soll er mir nimmer entgelten. So will ich ihn mit meiner Gnade vor mir selber schützen, doch zuvor will ich ihn erschrecken und übel bei mir empfangen.«

So hieß er sie denn schleunigst gehen und ihn zu Hofe bringen. Mit allerlei Drohungen führten sie ihn vor den Kaiser, der sich nicht anders stellte, als ob er ihm noch gram wäre. »Sagt an«, sprach er zu ihm, »wie wagt Ihr es, Euch hier herumzutreiben und mir unter die Augen zu kommen? Wißt Ihr nicht mehr, warum ich Euch feind bin? Und wie Ihr mir den Bart ohne Schere geschoren und mir manches Haar daran ausgerauft, daß er noch heute ohne Locken steht? Es scheint, Ihr wollt hoffärtig sein und Übermut treiben.« »Gnade,

Herr«, sprach der Degen darauf, »ich komme nur gezwungen her. Mein Herr, ein Fürst, der hier zugegen ist, gebot mir bei seiner Huld, um jeden Preis mit ihm zu ziehen, und ich kann es auf meine Seligkeit nehmen, daß ich nicht gekommen wäre, hätte ich sein Geheiß nicht erfüllen müssen. Hätt' ich länger widerstrebt, so wäre ich gar meines Lehens beraubt worden. Auch wollte ich an ihm ja nicht zum Eidbrecher werden. Wer mir darob übles tut, weiß Gott, der ist nicht gut gesinnt. Dem will ich gerne einen Ort zeigen, wo ihm das Wort in der Kehle soll stecken bleiben.«

Da begann der Kaiser zu lachen: »Ehe ich es nochmals mit Euch aufnehme, will ich Euch lieber meine Gnade schenken. Seid mir tausendmal willkommen, auserlesener Mann, Ihr habt gar Schweres von mir gewendet und ohne Euch läge ich nun tot im Sand.« Damit sprang er auf, küßte ihn herzlich auf Augen und Wangen und umarmte ihn liebevoll. So ward da ein Friede zwischen ihnen gemacht: der Kaiser schenkte ihm reichlich Renten und Lehen, Heinrich aber lebte fürderhin als des Kaisers Freund in Ruhm und Ehren, deren man heute noch gedenkt.

Die alte Mutter

In Schwaben lebte einst eine reiche Freifrau, die war zu Jahren gekommen und vom Alter schwerhörig und kurzsichtig geworden. Ihr Mann war tot, der Sohn aber, der ihr von ihm zurückgeblieben, scherte sich wenig um die Reden der Alten: denn sie war geizig und brannte vor Wut, daß er ein ritterliches Leben führte, vertat und gewann und seines Gutes nicht sparte. Davon flog sein Lob über Feld, sie jedoch hätte ihn gerne nach ihren Sitten gezwungen und auch zu einem Geizhals gemacht, und gab ihm böse Worte. Er ließ sie reden und nahm, so oft er an den Schatz geriet, wie viel ihm immer behagte, kleidete sich und seine Knechte und gab auch seiner Mutter, was ihr zukam, so daß es ihr an nichts mangelte. Das nahm sie aber übel auf und dachte: »Käme nur der Kaiser ins Land, ich wollte meinen Sohn vor ihm verklagen, denn länger ertrag ich's nicht.«

Da kam eines Tages Kaiser Friedrich nach Nürnberg, um daselbst Gerichtstag zu halten. Als die Mutter dies vernahm, ward sie ohnmaßen froh und sprach zu ihrem Sohn: »Sohn, ich will zu Hofe fahren, da sollst du mich hinbringen, daß ich den Kaiser spreche.« Er ahnte sogleich, daß sie ihn und keinen andern verklagen wollte und sagte: »Bleibe zu Hause, Mutter, ich will das Geschäft für Euch besorgen. Reisen ist Euch nicht gut.« »Nein«, entgegnete sie, »es handelt sich um eine Sache, die ich selber verrichten muß, wenn sie mir nicht in Brüche gehen soll.« »Ihr wollt mich verklagen«, rief der Sohn. »Ei, wie sollt ich dich wohl verklagen, mein Sohn«, erwiderte die Alte. »Dem würd' ich nimmer hold, der so etwas tun wollte.« »Habt Geduld, Mutter«, sagte er, »und zürnt mir nicht! Wir haben noch Land und Guts genug, und so lange ich lebe, wird es uns Beiden nicht fehlen. Man muß gewinnen und verlieren, steht es das eine Jahr schlimm, das andre wird's um so besser gehen.« »Ich will dir nichts als Gutes, wie eine Mutter ihrem Kinde soll«, sprach sie. »Nun hilf mir nur, daß ich nach Nürnberg komme, wegen der Klage mögest du ohne Sorge sein,« »So will ich Euch's nicht versagen«, entgegnete er, dachte aber dennoch, daß sie ihn verklagen würde. Da tat er, wie sie ihn geheißen, und führte sie in die Stadt.

Der Kaiser saß eben öffentlich zu Gerichte, da brachte er seine Mutter hin und kam mit ihr an die Tür des Saales. Er trug ein Gewand, dessen Ärmel lang an den Ellenbogen herabhingen. Da nun der Saal voll Leute war, sprach er zu der Alten: »Ich gebe Euch meinen Ärmel in die Hand, haltet Euch nur fest an mich, und wenn wir in der Menge getrennt werden sollten, drängt nur immer wacker nach!« In diesem Augenblicke sah er in der Nähe einen Ritter stehen, dessen Kleid auf dieselbe Weise geschnitten war, wie das seine. Auch die Art zu reden glich der seinigen ein wenig, als jener eben zu einem Herrn sagte: »Ich will vor den Kaiser gehen, ich habe dort zu tun.« Flink ergriff der Sohn den Ärmelhang des Fremden und gab ihn seiner Mutter in die Hand. »Nun haltet Euch nur fest, wie ich Euch vorhin gesagt habe«, sprach er zu ihr und machte sich eilends davon.

Der fremde Ritter hatte Eile, nach vorne zu kommen, da folgte ihm die Alte nach, so schnell sie irgend konnte. Ihr ward enge unter den vielen Leuten, aber trotz des Gedränges ließ sie ihn nicht los und hielt sich ängstlich hinter ihm. Darüber wurde der Ritter ärgerlich: »Frau«, rief er, »was soll das bedeuten, daß Ihr mich so zieht?« »Ich glaube, sie sieht nicht«, sprach ein andrer Ritter, der daneben stand, »laßt sie Euch folgen, wer sie auch sei. Offenbar will sie vor den Kaiser und mag dort zu tun haben.«

Der Ritter dachte nichts Böses und ließ sie in Gottes Namen hinter sich dreinkeuchen. Als sie aber vor den Kaiser kamen und sie hörte, wie die Leute ihre Klagen vorbrachten, begann sie auch sogleich ihr Sprüchlein herunterzusagen. »Herr«, rief sie mit lauter Stimme, »Leid und Ungemach habe ich vor Euch und Gott zu klagen! Dieser Teufelsgesell hat mir mein Gut vertan, daß mir kaum etwas davon übrig geblieben ist!« Als sie ihre Klage erhub, hieß man die Leute rings schweigen, da man Frauenklage stets zuerst zu vernehmen pflegt. Der Ritter sah sich nach der Alten um, die Sache dünkte ihn gar lustig, und sprach: »Wen meint Ihr mit dem Teufelsgesellen, liebe Frau?« »Wen anders als dich, du Lottersack?« rief sie. »Was, hast du mir nicht Kummer bereitet und mir Ehre und Gut entwendet, daß ich zeit meines Lebens nicht wieder froh werden kann!« Da sprach der Kaiser zu ihr: »Meint Ihr diesen, den ich hier vor mir sehe?« »Ja«, sagte sie, »diesen, meinen Sohn! Ach, ich armes, blindes Weib, dem das Alter den Leib verzehrt hat, wie viel

Leides hat er mir angetan!« »Was sagt Ihr dazu, mein frommer Knecht?« fragte der Kaiser. »Bei Eurer Huld«, sagte dieser, »sie redet die Unwahrheit und ich habe keine Schuld an ihr. Meine Mutter ist lange tot. Ich habe diese jetzt hier zum ersten Male in meinem Leben gesehen, als sie mir nachging und mich immerfort am Kleide zerrte.« »Was, du Arglist«, rief sie, »hast du mir nicht zeit deines Lebens erzeigt, wovon der beste Mann in Unehre geraten müßte? Ich wollte, die Erde verschlänge dich!« »Ei, Frau«, erwiderte er, »von wo seid Ihr denn entsprungen? Ist das Euer Ernst?« »Du wirst es schon noch merken, eh' du von hier wieder fortkommst«, sagte sie. »Schweigt doch, um Gottes willen, liebe Frau, und macht den Leuten kein Narrenspiel«, sprach er. Was wollt Ihr denn von mir? Hab' ich Euch den Wein verschüttet? Den Specht erschossen? Den Rhein verbrannt? Ihr verkennt mich, ich bin nicht Euer Sohn.« »Herr Kaiser«, rief sie da, »nun magst du abmessen, wie es bei mir zu Hause gehe, da er mich nun gar verleugnet! Kann man eines solchen Kindes froh werden? Er hat mein Gut verschwendet und gibt mir nichts mehr, seit Gott mich meiner Freude und des Augenlichts beraubt hat.« Da sprach der Kaiser: »Dies ist mein Rat: Wenn Ihr von ihrem Gute gezehrt und es zur Unzeit vertan habt, so müßt Ihr ihr zu Buße stehen. Führt sie heim und haltet sie besser, als bisher!« Aber der Ritter entgegnete: »Wahrlich, ich habe ihr nie auch nur eines Pfennigs Wert vertan, und wenn sie mich hier als ihren Sohn ausschreit, so dünkt mich das höchst wunderlich. Ich stehe ihr nicht näher als Nürnberg Jerusalem, des versichere ich Euch.« Sie hielt ihn krampfhaft am Kleide fest, da begann er sich rings umzusehen, ob er nicht einen im Saale fände, der ihn kenne und Zeugnis für ihn ablegen möchte. Aber seine Bekannten lachten und verbargen sich, denn die Sache schien ihnen gar lustig, und warteten, wie er seine Mutter, mit der er gar nicht verwandt war, aus dem Saale führen würde.

»Ei«, sprach der Kaiser, »es scheint, es steht schlecht um Euch! Ihr seht aus, als ob Ihr lieber wieder draußen wäret!« »Ich werde schon loskommen«, erwiderte der Ritter. »Aber dies schwöre ich hier: was ich ihr an Gut vertan habe, berechne ich auf den Wert eines Spans, den soll sie haben, und damit laßt es genug sein.« »Wie?« rief die Alte, »hast du nicht von meinem Gute in Saus und Braus gelebt? Meine Ländereien versetzt? Stehen nicht hundert Hufen Landes heute noch in Pfand?« Da sprach der Kaiser zu dem Ritter: »Das heißt übelgetan. Du sollst Vater und Mutter ehren, das hat uns Moses, der Prophet, verkündigt.« Da und dort erscholl ein zorniger Ruf, er solle die Rede lassen und seine Mutter mit sich fortnehmen.

»Und stünde es im Antiochus«, rief der Ritter, »ich werde nimmer dazu getrieben werden, Ihr wollt mich ja rein um den Verstand bringen. Heißt es nicht in unserm Glauben, die Menschen würden alle auf einmal auferstehen? Wahrlich, wenn Gott ein Wunder tut, daß meine Mutter nun allein auferstanden ist, so ist mein Glaube gering. Und käme Sankt Martin selbst und nähme sie aus dem Grabe, meine Mutter hat bei ihren Lebzeiten alles redlich bezahlt und niemals einer Bürgschaft bedurft.« Da wurde der Kaiser zornig: »Wahrlich«, rief er, »mich wundert, daß ich es so lange dulde! Ihr dünkt mich ein böser Mann, da Ihr Eure Mutter verleugnet und Himmel und Erde werden Euch darob zürnen! Bei des Reiches Huld, ich gebiete Euch, führt sie fort und haltet sie in kindlicher Pflege, wie es einer Frau von edlem Stande gebührt.« Da dachte der Ritter in seinem Sinn: »Dir wird nichts Gutes geschehen, alle sind wider dich. So tu ich denn, was das geringste Übel ist, und gehorche dem Kaiser. Der Teufel hat sie dir beschert, du kannst dich ihrer nicht erwehren.« Dann sprach er: »Herr, es soll geschehen, was Ihr gebietet. Da mir nun meine gute Mutter allhier auferstanden ist, so kann männiglich hier im Saale gewiß sein, daß auch die seine ihm bald auferstehen wird. Aber ich glaube nun an keines Pfaffen Sage mehr.« Und zu der Alten gewendet: »Liebe Mutter, seid mir willkommen! Zwar habe ich noch nie dergleichen Märe gehört, daß jemand jahrelang tot ist und dann wieder gesund wird, aber Ihr könnt mir ja nun mehr davon sagen, wie es um jene Welt beschaffen ist, so schlägt es mir am Ende noch zum Vorteil aus.«

Damit ließ er die Pferde bereiten, wartete nicht länger und ritt mit ihr fort. Er nahm das Ganze für ein närrisches Spiel und redete ununterbrochen mit dem Gesinde. »Mir soll sich mein Heil noch mehren«, rief er wohlgelaunt. Als sie nun so eine halbe Meile dahin geritten waren, begegneten ihnen einige Herren, die mit einer großen Schar zu Hofe fahren wollten. Die fragten ihn, was es dort Neues gäbe? »Ei«, erwiderte er, »wer seine Mutter begraben hat, der kann sie zur Zeit am Hofe wieder lebendig finden. Und wenn sie vor dreißig Jahren anderswo war, heute ist sie nirgend anders als dort. Seht, da führe ich die meine, ich habe sie dreißig Jahre nicht gesehen.« Da erwiderten sie: »Nichts für ungut, aber Eure Mutter scheint doch in alle Ewigkeit verloren zu sein. Denn die da ist es nicht, die Frau ist uns wohl bekannt.« Und der Sohn, der sich unter den Herren befand, trat vor und sprach: »Es ist meine Mutter.« »Ei wirklich«, rief der Ritter. Er wehrte sich nicht eben allzusehr sie herzugeben, nur ein klein wenig, sozusagen ehrenhalber, damit es bei Hofe nicht hieße, man habe ihm die Mutter weggenommen.

Als die Märe in den Saal kam und sich allüberall bei Hofe verbreitete, lachte der Kaiser stark. Er hieß dem unechten Sohne ein Roß von zwanzig Mark Wert hinbringen und schenkte es ihm. »Ihr dünkt mich ein guter Mann«, ließ er ihm sagen, »habt Ihr nun keine Mutter mehr, so nehmt das Roß dafür.«

Frauentreue

Im Osterlande war einmal ein edler Ritter, der besaß das lauterste und treueste Weib, das man zu ihren Zeiten finden mochte, und lebte mit ihr in Eintracht und Ehren. Da verblendete ihn Unheil, daß er zu seinem und der Frau Mißgeschick auf den Gedanken kam, ihre Treue zu erproben, um zu erfahren, ob sie ihm in Wirklichkeit so ergeben sei, wie sie sich gebahre. So bat er denn einen seiner Knappen, namens Hänslein, zu dessen Redlichkeit er das höchste Vertrauen besaß, er möge seiner Frau mit Bewerbungen nachstellen. Darob erschrak der Knappe: »Um Eurer Ehre Willen«, sprach er, »erlaßt mir solchen Dienst und wiederholt diese Bitte nicht mehr.« Aber der Ritter erwiderte: »Es bleibt dabei. Tust du, wie ich dich bitte, so wird es dein Schaden nicht sein. Weigerst du dich aber, so ziehe ich meine Hand von dir. Freilich mußt du mein Begehren recht verstehen: Wenn es dir gelänge, die Frau zur Liebe zu bewegen, und sie bäte dich insgeheim zu sich, so trete ich an deine Stelle. So wirst weder du noch sie Schaden dabei erleiden. Auch sollst du wissen, weshalb ich dies tue: ich will ihre Treue prüfen, von der, gleichwie von ihrer Schönheit, weithin im Lande die Kunde geht, und sie zwiefach hochhalten, wenn sie vor den Reden, die ich dir weise, besteht.«

Als der Knappe diese Worte vernahm und daß der seltsame Dienst, den jener forderte, niemand zum Schaden gereichen würde, da tat er, wie ein redlicher Diener tut, und sprach: »Es sei, Herr. Zwar wäre ich gerne solchen Auftrags ledig, aber um Eurer Huld willen mag ich's nicht verweigern.« Da ging er hin, war geschäftig in dem Dienste der Frau und hielt sich von Tag zu Tag immer mehr in ihrer Nähe. Einmal fügte es sich nun, daß sie eben aus der Kirche gehen sollte: Da ließ er es sich nicht nehmen, denn er stand wie immer am nächsten zu ihr, und führte sie galant hinauf, indem er bald an ihrer Seite, bald vor ihr herging. Dabei sprach er ihr mit den schönsten Worten, die er hatte, zu: »Vergebt, Königin«, sagte er, »wenn ich heute eine Rede beginne, die ich schon seit Langem mit mir herumtrage, laßt es Euch in Hulden von mir armen Knecht gefallen.« »Liebes Hänslein«, erwiderte die Frau, »willst du vielleicht Urlaub von mir nehmen? Warum sollt' ich just dir von meinen Knappen nicht zu reden gestatten? Sprich frei und sage mir von

Herzen alles, was du mir mitzuteilen hast.« »Gnade, süße Frau«, sprach er, »Eure Schönheit und Güte hat mir Herz, Sinne und Gemüt bei meinen jungen Tagen so sehr gefangen und bezwungen, daß mein Leben schwinden muß, finde ich nicht Gnade für diese lieblichen Wahn, den ich mit treuen Augen schon lange heimlich wieder Euch im Herzen trage.« Da entgegnete die Frau mit Stolz: »Du scherzest allzu vorlaut, ich gebiete dir und will es nicht anders, als daß du deine Rede mäßigst, wenn dir dein Leben lieb ist.« »Gnade, Herrin«, rief er, »o Makellose, ich habe Leben und Leib Eurer Gnade übergeben und will leben und sterben, wie es Euch gefällt.« »Deine Bitte ist unsinnig«, erwiderte sie noch, »gib acht, daß es dein Herr nicht erfährt!« und ging rasch in das Haus.

Da eilte der Knappe zu seinen Herrn und erzählte ihm, was sie gesagt habe, auch verschwieg er nicht, daß sie ihn bei ihm verklagen wolle. »Beruhige dich«, entgegnete der Herr, »ich will ihr ihre Klage so bezahlen, daß sie weder öffentlich noch heimlich künftig davon Erwähnung tuen soll.« Als nun der Knappe seine Bewerbungen wie vordem fortsetzte, ging die Frau zu ihrem Herrn, klagte ihm bescheiden, was ihr widerfahren, und bat ihn, dem Jüngling solche Gesinnung zu verweisen. Aber er antwortete: »Frau, solche Dinge mögt ihr nicht wieder vor mich bringen! Ihr wollt nur, daß ich den Diener verliere und großen Schaden davon leide. Denn nie sah ich solch' treuen Knecht und würde es bald bitterlich bereuen, läge er tot, weil Ihr ihm's nicht anders gewollt.« Die Frau erschrak über diese Antwort, Leid erfüllte ihr Herz, und sie bedauerte, ihm davon geredet zu haben. »Süßer Gott im Himmelreich«, dachte sie, »hilf, daß keinerlei Not oder Schande über mich komme!«

Der Knappe aber hörte nicht auf, sie nach seines Herrn Wunsch immer wieder um ihre Liebe zu bitten und verfolgte sie hart mit mancherlei glühenden Reden und Worten. Sie wollte es ihren Verwandten klagen, da ihr Herr sie also im Stich gelassen, aber sie dachte, so würde der Jüngling von ihnen zu Tode geschlagen, daß ihr nichts als Jammer und Not daraus erwüchse. Tat sie es aber nicht, so würde Schande und Spott vor Gott und der Welt ihr Teil sein. In solcher Not bat sie die himmlische Königin, sie möge ihrem armen Kinde raten.

Da endlich kam sie auf einen listigen Gedanken, der ihr helfen sollte. Als der Knappe das nächste Mal zu ihr kam, um sie heimlich mit schöngefügten Worten zu betören und zu betrügen, hieß sie ihn sitzen und sprach: »Ich sehe deine Ausdauer und daß weder meine Bitten noch meine Ratschläge, weder Flehen noch Drohung dich davon abzubringen vermögen. So bleibt mir denn keine Wahl, ich muß mich der Ehre abtun und dir gewähren. Vernimm, was ich dir sage: dieser Tage beabsichtigt dein Herr fortzureiten, da sollst du spät vor meine Kammer kommen, du weißt, durch das kleine Gärtlein, so will ich selber dich hereinlassen.« Da dankte ihr der Knappe, stellte sich froh, eilte heimlich zu seinem Herrn und verkündete ihm die Märe. »Ach«, rief dieser, »sagt' ich dir's nicht immer, schwach ist der Frauen Mut und ihre Beständigkeit dauert nicht länger, als bis einer kommt und Leib und Liebe von ihnen begehrt.« Indessen aber traf die Frau ihre Vorbereitungen: eines Tages ging sie heimlich mit ihren Jungfrauen und einem alten Kammerweib in ihre Kemenate, befahl, die Tür zuzusperren und sprach: »Helft mir, Jungfrauen, daß ich meine Ehre behalte und in Treuen altern mag.« »Sagt an, Herrin, wie dies geschehen soll«, erwiderten sie, »wir sind gern dazu bereit.« Als sie ihnen nun erzählt hatte, wie der Knappe sie unaufhörlich bedränge, sprach sie also: »Sonntags spät in der Nacht soll er vor meine Kemenate kommen. Da will ich ihn einlassen, wie ich ihn's geheißen habe. Ihr aber sollt bei mir sein.« »Wenn er nun herinnen ist«, wandte sie sich an die Alte, »so sieh zu, daß du indessen drei kräftige Spitzhölzer und drei Ruten aus recht zähen und festen Zweigen hereingebracht hast, damit wir ihm damit die Haut zerbläuen. Welche die Stärkste von uns ist, die soll am nächsten an ihn heranbringen und ihn bei den Haaren fassen und auf den Estrich werfen, daß dem Narren Rücken und Rippen bersten. Währenddes schlagen ihn die andern mit den Gerten und Stöcken um die Schultern, daß er nach Wasser schreien soll. Wir wollen ihm schon Öl ins Kraut tun, laßt mir nur nicht ab, und was immer ich sprechen mag, haut zu, was Ihr vermögt.«

Indessen machte der Herr sich bereit, an Stelle des Knappen zu der Frau zu gehen. Als der Abend gekommen war, schlich er sich heimlich vor ihre Kammer und klopfte leise. Da sagte die Frau: »Wer mag wohl da sein?« »Herrin, ich bin's, das Hänslein«, antwortete der draußen, »Euer alter Diener und treuer Knecht.« »Du wirst es wohl sein«, entgegnete sie, »Gang und Stimme kenn' ich ja.« In der Kammer brannte kein Licht, nur ein kleines Kerzlein hatte man fern in einen Winkel gestellt. »Komm nur herein«, sagte die Frau, öffnete ein klein wenig die Tür, aber nicht zu weit, und ließ den Mann ein. Im selben Augenblicke sprang auch schon die Stärkste aus dem Dunkel hervor, fuhr ihm mit beiden Händen in die Haare und schwang ihn auf den Estrich, daß er purzelte und ihm die Rippen im Leibe krachten. Indessen waren auch die drei Jungfern und das Kammerweib zur Hand und zerschlugen ihm mit den Ruten und Knütteln den Balg, daß kein Landstreicher, der beim Stehlen erwischt wird, je übler zugerichtet wurde. »Gnade«, rief er, »Frau, ich bin es ja!«, aber je mehr er schrie, desto besser ward es ihm gegeben, daß die Späne flogen.

Als der Mann nun windelweich geschlagen war, fragte ihn die Frau, ob er es abschwören wolle, wenn ihm sein Leben lieb sei. Dazu war er mehr als mit Freuden bereit und schwur hoch und teuer, daß er nie etwas tun werde, was ihr unlieb sein möchte. Da erhub man rasch das verdeckte Licht und sah ihm ins Antlitz: wie aber erstaunte die Frau, als ihr eigener Mann vor ihr stand! Unmutig fragte sie ihn, was ihn auf solche Weise hierher geführt habe? Da antwortete er zähneklappernd: »Unheil hat mich auf diesen Weg getrieben, helft, daß ich wieder zu Kräften komme. Mein dummer Wahn hat mich betrogen.« Und sagte ihr alles an, wie er seinen Knappen Hänslein gebeten und was daraus erwachsen sei. Da entgegnete sie: »Pfui über dich ungetreuen Mann, stünde mir's nicht übel an, ich ließe dich, krank wie du bist, hier liegen, denn dir ist recht geschehen. Aber was immer du mir angetan hast, ich will dir bessere Treue erweisen, als du mir erzeigst.« So ließ sie denn am nächsten Morgen einen weisen Mann kommen, der ihn mit einer guten Salbe bestrich, so daß er bald wieder genas.

Wie man Frauen zieht

(Sibot)

Ein Ritter, reich an Ehren und irdischen Gütern, konnte Zeit seines Lebens dieser nicht froh werden: denn er selbst war sanften Mutes, seine Ehefrau aber ein böses und widerhaariges Weib, so daß die Nachbarn und alle Welt sie für die größte Zange hielten, die je gelebt. Hasel-, Birken- und Eichenruten, mit denen er ihr weidlich den Rücken gerbte, verschlugen nichts, denn sie blieb in allem wie zuvor. Wenn arme Leute kamen und um Herberge baten, empfing sie sie mit Gezänk, wen er aber fort haben wollte, den bat sie sicherlich da zu bleiben; so, daß stets geschah, was ihm nicht gefiel, was er aber gern gesehen hätte, auf keine Weise zu erreichen war. So währte der Streit unter ihnen nun schon dreißig Jahre, doch war es ihm nie gelungen, ihren zänkischen Sinn und böse Zunge zu zähmen. Zu allem Überfluß geriet aber die Tochter, die ihnen geboren wurde, in jedem Stücke der Mutter nach: von allem Üblen, das die Mutter hatte, streitsüchtig Wesen, Bosheit und Geiz, besaß sie mehr denn drei, war dabei aber eine schöne und starke Person und den Augen angenehm, nur wild von Sitten und grob in ihren Reden. »Tochter«, sagte der Vater da eines Tages zu ihr, »lege beizeiten die Sitten deiner Mutter ab! Daß du dich hernach nicht beklagen mußt, wenn du einen Mann bekommst. Denn glaube mir, er wird dir sonst den Rücken und die Hüften zerbläuen, daß du es zu spät bereust.« »Ei ja, dort geht der Mond auf, sieben Eier für'n Batzen, was nicht gar? Wie oft habt denn Ihr meine Mutter gerauft oder geschlagen?« »Was mich betrifft, ich lebte stets gern in bequemer Ruhe.« »Und warum sollt' ich's anders haben wie meine Mutter? Laßt mir Gott nur den Mann bescheren, das Übrige will ich schon fertig bringen.« »Paß aber auf, daß du nicht an einen gerätst, der dich zwingt, und nach seiner Weise tanzen lehrt, damit es nicht mehr Prügel in der Ehe gebe als du Pfennige im Kasten hast, denn eins dünkt mich billig: wer dich zum Weibe begehrt, er sei nun Ritter oder Knecht, dem geb' ich dich, möge er dir denn in Gottes Namen die Haut mit Eichengerten streichen.« »Jawohl, wegen der Federn, daß die Gänse wohlgeraten! Wo sind denn, die mich haben wollen? Traut sich ja doch keiner, es mit mir zu wagen, müßte ihm auch übel gelingen!

Käme morgen einer und ich nähme ihn, das wollt' ich sehen, wer von uns beiden das längere Messer trüge. Freilich, es verdrießt Euch, daß Ihr meine Mutter so lange geduldig ertragen habt. Aber glaubt mir. Eure Reden sind nicht von der klugen Art, und ich will lieber nach der Henne tun als nach dem Hahn.« »Gut, so sage ich nichts mehr. Möge Gott es fügen und dir in kurzem den Mann senden, der dir deine Bosheit nach Gebühr erwidert!«

Nun wohnte da ein Ritter nahe bei, kaum drei Meilen entfernt, der besaß zwar einigen Reichtum, aber nicht allzuviel. Als er die Mär von Hörensagen vernahm, daß aber die Jungfrau im übrigen schön und stattlich sei, dachte er: »Ich will es wagen.« Und sann darüber nach: »Wie, wenn ich sie gut mache? Sollte mir dies aber nicht gelingen, so will ich sie so übel halten, daß sie sich nicht Rats wissen soll.« Eines Tages kam er also mit seinen Freunden und warb um sie. »Sollte ich mich daran versündigen«, entgegnete der Vater und offenbarte ihm alles, was er von den Sitten seiner Tochter zu sagen wußte, aber der Freier sprach: »All' das habe ich wohl gehört, aber just darum bin ich hergekommen. Gebt Ihr sie mir zum Weibe, so soll, will es Gott, kein Jahr vergehen und sie läßt von allem, was gegen meinen Willen ist.« Zum zweiten Male warnte ihn der Vater, er werde nichts dabei gewinnen als ein frühes Alter. Als aber der Ritter entgegnete: »Laßt mich nur walten, ich bin ja noch so jung«, so wurden sie am Ende doch noch einig und beredeten untereinander mit Wort und Handschlag, wann er kommen solle, um sie in sein Haus zu führen. Die Mutter wußte noch nichts von dem Geschehnis; als sie erfuhr, daß die Tochter vergeben worden sei, drohte sie ihr ans Leben und erging sich in allerlei Schwüren und Verwünschungen. Eines Tages, als sie beieinander saßen, sagte sie zu ihr: »Zu Tode will ich dich schlagen, wenn du deinen Mann besser hältst, als ich deinen Vater gehalten habe! Höre meinen Rat, Tochter: Wenn er zornig auf dich ist und dich zu Boden wirft, beiße, kratze und rauf' ihn wieder, denn besser so, als daß du vier Wochen lang mit zerbläutem Rücken herumläufst. Was mich betrifft, so habe ich, ungelogen, deinem Vater Haare ausgerissen mehr als ein ganzes Fell Wolle. Du bist aber voller gewachsen als ich und stärker an Gliedern und Armen, und dennoch habe ich, obzwar geringer als Du, den Preis behalten.«

Danach über sieben Nächte war der Tag da, an dem der Ritter die Braut holen sollte. Er wußte wohl, was ihm bevorstand und rüstete sich: er kaufte um einige Batzen einen halb lahmen Gaul, dazu nahm er einen Hund, den er an einem Stricke mit sich führte, holte seinen Habicht, der auf der Stange bei der Wand saß, nahm ihn auf die Hand und ritt so auf dem Gaul mit Hund und Habicht zu dem Hause des Schwiegervaters und forderte die Braut. Die gab man ihm ohne Widerrede und hieß sie in Gottes Namen dahinziehen. Als sie hinten auf dem Pferde saß, rief ihr die Mutter noch zu: »Vergiß nicht, was ich dir sagte, und sei deinem Manne Untertan, wie ich dich's gelehrt habe!« worauf die Tochter lachend erwiderte, sie möge nur ruhig sein, sie werde es in allen Stücken so halten, wie sie es versprochen habe. Damit ritten denn die beiden von dannen.

Statt aber nun die breite Straße zu reiten, bog er mit dem Pferde auf einen schmalen Weg ab, wo sie bald in eine verwilderte Gegend gerieten. Da begann der Habicht, den er auf der Hand trug, nach Jagdvogelart unruhig zu werden, denn er begehrte aufzusteigen. Er aber sprach zu ihm: »Willst du dich wohl stille halten, sonst schlage ich dich tot und zerschmettere dir den Kopf, daß dir die Sinne und die bösen Begierden bald vergehen sollen.« Da ersah aber der Habicht eine Krähe auffliegen und wollte ihr nach. »Gut«, sagte der Ritter, »wenn du nach Ungemach strebst, und es vorziehst, in Unfrieden zu leben, so geschehe dir denn dein Recht.« Damit würgte er ihn ab wie ein Huhn und warf den toten Vogel nieder in das Gras. »Nun habe deinen Willen, aber das sage ich hier, damit es jeder wisse: was heute mit mir auf dem Ritte ist, möge sich guter Sitten befleißigen, damit ihm, bei Gott, nicht ein Gleiches geschehe! Eia, du Hundevieh, was zerrst du mich, und renkst mir schier den Arm aus? daß er dir nicht zum Unheil gerate!« Der Hund gehorchte aber nicht und wollte dem Herrn auf keine Weise an der Seite bleiben. Da geriet dieser in Zorn, zog sein Schwert und hieb das Tier mit einem Streiche in zwei Stücke. Fast hätte die Braut aufgeschrieen, denn ihr wurde nun doch übel zu Mut. »Guter Gott«, dachte sie, »was ist dies für ein Mann, welcher Teufel mag ihn wohl hergebracht haben.« Denn er trug nun das Schwert entblößt in der Hand. Plötzlich dünkte es ihm wieder, als ginge das Pferd nicht so, wie er gerne gemocht hätte. Wenn man den Hund henken will, so sagt man, er sei ein Lederfraß, auch wenn er sein Lebtag kein Leder gefressen. So tat denn auch er mit dem Pferde, zückte das Schwert und hieb den Gaul mit einem gewaltigen Schlage übern Hals. »Da liege nun, Schindmähre und schnaube! Wärest du recht gegangen, du hättest den Tod nicht erleiden müssen.« »Herrin«, sprach er dann zu der Braut, »Ihr habt gesehen, was hier vorgefallen ist. Das Pferd liegt tot, samt dem Hunde und dem Federspiel. Da ich es aber seit langem entwöhnt bin, zu Fuße zu gehen, so gedenke ich, es auch jetzt nicht zu tun. Es bleibt mir daher nichts weiter übrig, Herrin, als Euch zu reiten.«

Als sie sah, daß es ihm ernst war, und er sie denn auch sogleich zu satteln begann, rief sie: »Herr, Gott bewahre Euch, laßt doch den Sattel weg, ich trage Euch so nur desto besser.« »Herrin, wie stünde es mir an, auf ungesatteltem Rosse zu reiten? Gebt acht, daß Ihr nicht böse Sitten annehmt, wie Habicht, Hund und Pferd getan.« »Dessen mögt Ihr ganz ruhig sein«, sagte sie, »ich trage Euch wohl beide.« Sogleich legte er ihr den Sattel auf, tat ihr den Zaum in den Mund, hieß sie, sich auf die Hände niederlassen und sprang auf. Kaum aber waren sie drei Speere lang so weitergeritten, als ihr gar schwach und übel zu Mute wurde. »Herrin! schnauft Ihr?« fragte er. »Nein, Herr, keineswegs! Glaubt mir, dies ist ein so schönes Feld, ich erbreche mich noch, wie fein ich trabe.« »So trabt denn zu, sonst entgeltet Ihr mir's noch!« »Nicht nötig, lieber Herr, Ihr dünkt mich eines hübschen Trabs wohl wert! In meines Vaters Hofe geht ein Rößlein, von dem hab' ich's gelernt. Ihr sollt sehen, wie sanft und eben ich gehen kann.« »Wollt Ihr immer tun, was ich will?« »Gewiß, Herr, was anders sollte ich wollen?« Da hub er sie sofort zu sich auf und nahm sie unter seinen Mantel.

Indessen hatten seine Freunde an einer bestimmten Stelle des Weges gewartet, denn er hatte ihnen heimlich gesagt, sie möchten kommen und sie nach Hause führen. Was nachher dort geschah, kann ich nicht sagen, denn ich war nicht dabei, als sie Hochzeit machten. Daß diese aber trefflich geriet, weiß ich wohl, auch wurde sie das beste Weib, das je an eines Mannes Seite lebte, empfing ihre Gäste freundlich und wartete seines Willens zu jeder Zeit.

Sechs Wochen danach kamen ihre Eltern zu Besuche, um nachzusehen, wie es ihnen ginge und sie sich eingerichtet hätten. Als die Mutter bemerkte, wie wohl sie sich vertrugen, rief sie die Tochter zu sich und sprach: »Ei, du »erschaffene Dirn', glaubst du, ich sähe das nicht, wie du dich zu deines Mannes Magd hast machen lassen? Daß Gott dich strafe, wie hast du dein Ding nur so töricht anfangen mögen!« und kneipte sie an allen ihren Gliedern, daß sie laut zu weinen begann. »Mutter«, sagte sie, »wenn Ihr Scheltens halber hergekommen seid, sucht Euch eine Andere, die Euch anhören mag! Ich habe den allerbesten Mann, aber wer ihm den Zorn aufrührt, der hat am längsten gelebt.« »Der Teufel sitzt in deinem Hirn, du alter Gimpel«, schrie die Mutter, »warte nur, schmutziger Kobold, das soll dir nimmer verziehen sein.« »Mutter, ich will Euch nicht drohen. Aber das rate ich Euch doch, grüßt meinen Mann besser, als Ihr meinem Vater getan. Das wäre Euer Glück, denn sonst wird es an Eurem Rücken zum Vorschein kommen.« »Ja«, entgegnete sie, »Hennenberg! Seht doch an, was die üble Haut da kläfft! Die Sucht soll er kriegen, ehe er mich unter die Zuchtrute nimmt!« Der Schwiegervater und der Eidam saßen indessen heimlich in einem andern Gelaß und hörten alles, was die Mutter sprach. Der Vater, glücklich, einen so trefflichen Eidam zu haben, empfand die Störung des guten Einvernehmens gar bitterlich. Da sagte jener: »Ich habe einen Anschlag ausgesonnen, wie ich bewirken könnte, daß Euer Weib sich änderte. Wenn Ihr mir verstatten wollt, nach meinem Willen zu tun, so sollt Ihr bald mehr darüber erfahren.« »Herr, das will ich Euch gern verstatten«, entgegnete der Schwäher, »ob Ihr sie streichen, scheren oder in den Kohlen braten wollt, mir soll es gleich sein, und mein Beistand soll Euch wahrlich nicht dabei fehlen.« »So reden wir nicht weiter davon, gebt acht, was noch heute geschehen wird.«

Er hatte sich bereits zu dem Anschlag vorbereitet und zwei Braten erstanden, die er mit sich trug, als er zu ihr in die Kemenate ging. »Willkommen, Herr Ekkehart«, rief sie ihm schon beim Eintreten entgegen. »Gnaden, Herrin, Frau Isenhart«, erwiderte er und trat nahe an sie heran: »Herrin, lange genug hat Euer Mann nun gelitten. Er sollte lieber mit einer flämischen Elle Schläge über Euren Rücken zählen, und wenn sie an Euch zerschlagen ist, sich rasch eine andere bringen lassen, bis Ihr um Euer Leben flehtet. Denn nie gab es ein Weib, dessen Bosheit der Euren geglichen hätte.« »Jawohl, wessen Kuh beißen die Rinder? Lieber Eidam, Herr Gickengauch, ich habe bisher Haut und Haar vor ihm behalten, ich behalt sie, will's Gott, auch weiter noch.« »So solltet Ihr doch wenigstens Gnade mit ihm haben.« »Sieh doch, was hab' ich ihm denn getan?« »Ihr verleidet ihm sein eigen Haus.« »Seine Katze nenne ich Maus und seinen Hund einen Hasen, wenn es mir beliebt. Das wird nicht anders werden bis an unsrer Tage Ende.« »Gut, so müssen wir's gegen Euren Willen erzwingen, daß Ihr davon ablasset. Ich weiß gar wohl, was Euch das Hirn im Kopfe verwirrt, daß Ihr gar so übel geraten seid: Ihr tragt zwei Zornbraten in Eurem Leibe, davon seid Ihr so böse geworden. Wer Euch die herausschnitte, brächte Euch leichtlich zu guten Sitten.« »Das ist mir wahrlich lieb, daß Ihr ein Arzt geworden seid und Euch so trefflich auf Krankheit versteht. Habt Ihr Nieswurz zur Hand und Agrimonia? Kennt Ihr Akelei und Fenchel?« »Frau, Eure Üppigkeit ist wahrlich groß.« »Nun, sollt' ich des nicht lachen, was Ihr da aus mir machen wollt? Wie sollte denn dies möglich sein, daß ich Braten in mir herumtrage, just wie ein wildes Eberschwein?«

Sie wollte entwischen, aber schon ergriffen sie zwei Knechte und warfen sie nieder. Dann faßte er ein scharf zugespitztes Messer und schnitt fest durch das Unterhemd, daß ihr das Lachen verging, bis eine lange und tiefe Wunde entstanden war: das Lied, das sie da sang, war nicht eben von der fröhlichen Art. Darauf nahm er einen der Braten, die er mitgebracht hatte, wälzte ihn in dem Blute und warf ihn in einen Eimer. »Herrin«, sagte er, »da habt Ihr, wovon Ihr all die Zeit so boshaft gewesen.« Sie lag unter ihm und flehte: »Ja, Herr, das ist es, was mir fehlte, und mich um alle Sanftmut gebracht hat. Welcher Teufel mir das angetan, das weiß ich selber nicht.« »Oh nein. Ihr habt noch einen zweiten Braten an dem andern Beine.« »Der stört mich nicht so sehr, als der da vor Euch liegt.« Da sprach die Tochter lachend: »Ich rate Euch, laßt Euch den zweiten auch noch herausschneiden, damit nicht alle Mühe am Ende vergeblich gewesen sei. Er könnte ein Junges bekommen, dann wär's uns mißlungen.«

»Ach nein, liebe Tochter, rede ihm zu, daß er es nicht tue. Ich habe mich schon bekehrt und will alles loben, was immer Ihr wollt.« »Wollte Gott, daß es so käme«, sagte die Tochter, »das wäre für meinen Vater ein selig Ding! Wo ist nun Euer Hennenberg und all die Sprüchlein, die Ihr mich gelehrt? Aber mich wundert, daß man so lange wartet, den andern Braten herauszuschneiden.«

Da wollte er sich an das andere Bein machen, aber sie schrie laut: »Ach nein, Herr, nein, laßt es genug sein! Gedenke, Tochter, daß ich dich trug, und sage ihm, daß er mich schone. Ich will hangen, wenn ich nicht fortan gut sein werde.« Da ließ er sie sofort aufstehen und sie gelobte ihm nochmals in die Hand, ihr Versprechen zu halten. Aber eher verbrennte der Rhein, als daß solch ein böses Weib sich ändern könnte. Sie fuhren bald wieder nach Hause. Doch wenn sie ihrem Manne künftig widersprach, so sagte er nur: »Ich allein kann es nicht fertig bringen, ich will rasch einmal nach unserm Eidam senden«, da wurde sie rot vor Scham und meinte, dies wäre nicht nötig und sie werde schon von selbst nach seinem Willen tun.

Alten Weibes List

(Konrad von Würzburg)

In der ehrenwerten Stadt Würzburg im Frankenland wohnte einst ein Weib, das sich um Geld mit allerlei Liebeshändeln abgab und manches verliebte Paar heimlich und auf geschickte Art zusammenzubringen wußte. Eines Tages fügte es sich, daß gerade schlechte Zeiten für sie waren und sie müßig zu Hause saß, so daß ihr schwer zu Mute wurde. Denn Pfingsten stand vor der Tür und sie wußte nicht, wie sie sich's über die Feiertage behaglich machen sollte. Eines Morgens wollte sie zur Messe gehen und blieb in der Hoffnung, vielleicht einen Fang zu tun, mit einigen Weibern schwatzend vor dem Münster stehen. Dabei gedachte sie ihres großen Kummers und blickte eifrig nach allen Seiten aus. Da sah sie einen der Chorherrn, den Dompropst Heinrich von Rothenstein, schön geschmückt und in reichem Gewände durch das Münster gehen. »Mit dem fang' ich's an«, dachte sie, ging ihm nach, zupfte ihn am Mantel und bat ihn um Gottes willen still zu stehen. »Zwar bin ich nur ein schwacher Bote Eurer Tugend gegenüber«, sagte sie, »aber wenn ich Euch ansagen soll, um wessentwillen man mich hergesandt hat, so wollet mir zuerst versichern, daß Ihr es ohne Zorn vernehmen mögt.« »Nun, redet nur weiter, ich will Euch gern zuhören«, entgegnete er darauf. »So will ich Euch denn sagen, daß ich zu Euch gesandt bin, um Euch Liebe und Gruß von einer schönen Frau zu überbringen, die mit Sinn, Herz und Leib auf das schmerzlichste für Euch entbrannt ist. Wollet die Botschaft in Gnaden aufnehmen und ihrer nicht verschmähen.« Er wurde rot wie Blut und fragte sie, ob dies ihr Ernst sei? Als sie ihm aber versicherte, daß sie die Wahrheit rede, wurde er gar fröhlich und sprach: »Liebe Mutter, ich stelle alles dir anheim, und wenn du dich der Mühe nicht verdrießen lassen willst, so sollst du es nicht zu bereuen haben.« Damit griff er in seinen Säckel, zog so viele Pfennige heraus, als er gerade zu fassen bekam, drückte sie ihr in die Hände und sagte: »Führe es zu Ende, dann sollst du noch mehr davon haben«, und ging weiter.

»Es soll alles geschehen, wie Ihr mir befehlt«, rief sie ihm nach und betrachtete vergnügt ihre vollen Hände: »Hei, laß sieden und braten! Der Anfang war gut.« Da sah sie, daß eben eine schöne Frau gar lieblich des Weges daherkam. »Das trifft sich wohl«, dachte sie sich, »da will ich auch einmal meine Haken einschlagen. Laß sehen, ob ich ihr's nicht mit List abgewinnen kann. Ist sie aufgelegt zu dergleichen Späßen, das will ich bald heraushaben.« So lief sie denn schnell zu ihr hin und grüßte sie, indem sie scherzhaft dabei lachte, um ihre böse Absicht darunter zu verbergen. Die Frau schwieg zu dem Gruße, neigte nur ihr Haupt und wollte weitergehen. Da sagte die Alte: »Liebe Frau, wollet doch ein wenig verziehen, lasset mich zwei Wörtlein mit Euch reden.« »So sagt denn, was wollt Ihr von mir?« »Ach, der redlichste Mann wird noch um Euretwillen verderben! Er läßt Euch in Treuen sagen, daß ihn die Liebe zu Euch so sehr verwundet hat, daß er ihrer nicht mehr genesen mag, es wäre denn, Ihr selber wolltet sein Arzt sein.« »Das ist mir leid«, erwiderte die Frau. »Aber wenn ihm durch mich Kummer wird, ich bin wahrlich ohne Schuld daran. Er möge sich schützen, wie er es eben vermag.« Dabei aber war ihr eine dunkle Röte in die Wangen geschossen, ihr roter Mund zuckte merklich, bis sie denn auch wirklich in ein liebliches Lachen ausbrach. »Nun will sich's machen«, dachte die alte Krücke, »jetzt heißt es achtsam sein.« Die Frau wollte nun nicht länger stehen bleiben und meinte, was sie noch zu bereden hätten, könne sie ihr ja nachher sagen. Damit ging sie weiter, in die Messe. Die Alte überlegte indessen mancherlei Listen, wie sie es beginnen solle. »Wer gewinnen will«, dachte sie, »muß alles wagen, und wer wagt, gewinnt. Wirf die Wurst nach der Speckseite, so fallen alle beide herunter.« Sie ging in einen Kramladen, kaufte ein seidenes Gürtlein und einen hübschen Säckel dran, und stellte sich damit wieder vor dem Münster auf. Nicht lange danach, als die Messe zu Ende war, kam auch die Frau wieder heraus. Da ging die Alte auf sie zu und sprach: »Ich bin noch einmal hier, seht, herzliebste Frau, was mein Herr Euch da zum Geschenke sendet. Er sagt, wenn Ihr's in Güte annehmen möchtet, er wollte Euch noch mehr solche Kleinöde geben, daß Ihr Zeit Eures Lebens reich daran wäret.« »Es soll mir genug sein«, entgegnete die Frau mit Züchten. »Aber ich will es ihm gern entgelten, wenn ich dazu imstande bin, daß er nichts daran verlieren soll. Hier nimm, das ist für dich!« Sie gab ihr drei Schillinge und ging weiter. Hei, da war die Alte froh: »Nun laß blühen Weizen und Korn!« dachte sie. Dann schlich sie sich nach Hause wie ein Dachs und beriet ihre Küche wohl, als ob es gleich zehn Feiertage gewesen wären. »Wenn die Krähe still sitzt«, sagte sie, »dorrt ihr Schnabel und Klaue. Wer sich nicht umtut, muß in Sorgen leben.«

Des andern Morgens früh machte sie sich wieder auf die Reise. Sie hatte wohl überlegt, wie sie es anstellen müsse, daß der Mann und die Frau einander sähen und beide in Liebe entbrennen sollten. Wie sie so noch in Gedanken dastand, kam der Dompropst eben vorbei. Er begrüßte sie und fragte, was sie hier so früh zu schaffen habe? »Ei, ich warte hier auf Euch«, erwiderte sie: »Seit gestern habe ich nicht geruht, wie ich Eure Sache wenden möchte, auf daß Euer Herz und der Frau Herz, die Euch liebt, Lust und Freude gewännen. Ich will das Leben nicht haben, wenn sie Euch nicht noch besser bedienen wird, als Ihr Euch träumen mögt. Wenn Ihr es Euch nicht verdrießen lassen wollt und die Gelegenheit nützt, sie zu sehen, so wird da vielleicht ein Wild erjagt, das Euch behagen soll.« Kaum war das Wort ausgesprochen, so sahen sie auch schon die liebreizende Frau des Weges daherkommen. Sie hatte sich auf das Beste geschmückt, denn sie wollte sich sehen lassen, und trug alles, was sie daheim an Seiden und Gold besitzen mochte, dem Manne zuliebe, dessen Herz sie so sehr verwundet. »Seht her, da kommt sie!« rief die Alte. »Wie? Ist es dieselbe, von der Du mir sprachst?« fragte der Dompropst. »Just dieselbe, Herr«, erwiderte das böse Kuppelweib. Da erbebte sein Herz vor Freude. Rasch lief nun die Alte zu der Frau und zeigte ihr den Mann als denjenigen, dessen Herz ihr so heftig zugeneigt sei. Die Frau ließ ihre Blicke hinüberschleichen, da entbrannte auch sie von süßester Liebe, so daß ihnen beiden Gleiches geschah, kaum daß sie einander gesehen hatten.

Die Frau senkte das Haupt, das sie zuvor so hoch erhoben getragen hatte, und ging zur Messe. Aber sie bemerkte kaum, was in dem Münster rings um sie her geschah: ihr Gebet war verwirrt und sie so sehr aller Sinne benommen, daß sie gar nicht mehr wußte, wo sie sich befand. Als die Messe zu Ende gesungen war, kam nun wieder die Alte auf sie zu und sprach: »Liebe Frau, vernehmt, was ich Euch sage: Heute Nachmittag, wenn Ihr gegessen habt, mögt ihr Euch schön anziehen und schmücken, so will ich Euer warten, daheim in meinem Häuslein. Ich heiße Frau Metz die Kauflerin und wohne bei dem Spital; dicht neben dem gemalten Hause, das dort steht. Wenn Ihr mich lieb habt, so tut es um meinetwillen, und laßt

Euch freundlichst geladen sein.« »Gut, ich will dich also in deinem Hause besuchen«, erwiderte die Frau. Auf dem Heimwege und zu Hause gingen ihr gar vielerlei Gedanken durch den Sinn. Als man sich zu Tische setzte, aß und trank sie nur wenig, kaum aber hatte man sich erhoben, als eine heftige Unruhe sie ergriff, wie sie sich zu dem Gange vorbereiten sollte. Sie rief ihre Dienstmagd, die sie als treu und verschwiegen kannte, hieß sie ihr hübsches Kleid anziehen und befahl ihr, sie an einen Ort zu begleiten, wohin sie diesen Morgen eingeladen worden. Nachdem sie sich beide gefällig gekleidet, gingen sie zu Frau Metz der Kauflerin, von der sie auf das freundlichste empfangen wurden: »Ei, solch werte Gäste hatt' ich doch noch nie in meinem Hause«, rief die Alte ihnen entgegen, »Herrin, seid mir Gott willkommen.« Die Frau erwiderte ihren Gruß auf das beste und bald saßen sie alle in einer Kemenate beisammen, wo Stühle zum Sitzen hergerichtet waren. Die Alte holte von ihrem guten Wein, setzte ihn ihr nicht ohne heimliche Absicht vor und sprach: »Meine Kaiserin, wollt Euch ein klein Weilchen ohne mich behagen lassen und trinkt indes nur fleißig von dem Weine! Es ist um mich geschickt worden, da will ich nur rasch einmal hinüberspringen, nehmt mir's nicht übel auf!«

Sie wollte nämlich schnell zu dem Pfaffen, um den Handel sogleich zu Ende zu bringen. Das alte Bockfell konnte noch laufen, als ob der Teufel selbst sie fangen und binden wollte, und ruhte nicht eher, als bis sie in dem Kreuzgang angekommen war. Bald sah sie denn auch den Herrn, winkte ihm mit der Hand und sagte: »Geht mit mir, ich habe einen Gast für Euch in mein Haus geladen, der, denk' ich, Euch nicht schlecht behagen soll.« »Meinst du die Frau, die ich heute Morgen sah?« »Ei freilich, just dieselbe.« Da sprang er vor Freude auf: »Mutter«, rief er, »dafür will ich dich belohnen, daß du es mir Zeit deines Lebens danken sollst.« Aber wenn der Teufel Schande braut, so ist es an Gott, Schande abzuwenden. Kaum wollte der Dompropst mit dem alten Weibe nach Hause, da traten vier Chorherren zu ihm herein, in Begleitung eines Schreibers. »Wo wollt ihr hin?« fragten sie. »Ich muß ein wenig fort«, entgegnete er. »Herr, wir brauchen Euch, wenn Ihr Schaden für uns Alle vermeiden wollt.« »Ich will aber nicht bleiben«, sagte er, »ich muß einen Freund besuchen.« »Nein, Herr«, erwiderten sie, »wir müssen das Insiegel haben, um dieses Schriftstück fortzuschicken, dazu Eure

Unterschrift zur Beglaubigung. Es möchte Euch ein Schaden wohl von hundert Mark sein, ginget Ihr nicht mit uns, und Euer Freund wird wohl so lange nicht sterben, als diese Sache hier beredet wird.« Damit zogen sie ihn ohne weiters mit sich fort.

Der Kobold mag wohl teuflisch dreingesehen haben, als ihr Anschlag so zerrann, und schied kochend vor Wut von dannen. Da begegnete sie auf dem Wege einen hübschen und wohlgestalten Mann, er mochte so etwa dreißig Jahre zählen oder wenig mehr. Da dachte sie: »Ist mir der eine entgangen, so will ich den andern nehmen. Ich denke, es müßte ihm wohl behagen, mit einer schönen Frau Kurzweil zu treiben.« Da ging der alte Hadersack hin, wünschte einen guten Tag, verneigte sich und sprach: »Was wollt Ihr mir geben, wenn ich Euch ein schönes Weib verschaffe? Ihr seht danach aus, als ob Ihr mit Frauen wohl umzugehen verstündet. An Kurzweil soll es Euch nicht fehlen.« »Gut«, sagte er, »ich will's Euch gerne lohnen.« Sie ging voraus, er hintennach, so eilten sie beide nach ihrem Hause. Indessen saß dort die Frau an einem Fenster und dachte des Geliebten. Da sah sie plötzlich das Weib daherkommen und hinter ihr niemand anders, als ihren eigenen Mann. »O weh, o weh!« rief sie, »hätte ich nur den schändlichen Gang mit dem Weibe nicht getan! O weh, wie wird es mir ergehn! O weh, daß ich je geboren wurde, wie hab' ich Leib und Ehre verloren.« Dabei lief sie hin und her, sah sich nach allen Seiten um, wußte nicht, wohin, noch was sie sonst beginnen sollte. Die Magd erschrak heftig, als sie die Not der Frau sah, durch die jene schier irre geworden schien, und fragte, was ihr geschehen sei. »O weh, dein Herr kommt hierher!« »Das sei Gott vor, wo ist er?« »So lug doch, wie er da mit dem Weibe hergeht!« »So will ich Euch, in Christi Namen, einen Rat geben, der Euch nützen soll«, sagte die Magd: »Wenn er zur Tür hereinkommt, besinnt Euch nicht lange, fallt ihm ins Haar und schreit: »Also ist es wahr! Das sind also Eure Schwüre!« In diesem Augenblicke trat aber auch schon der Mann in die Stube. Schnell gefaßt, rief sie ihm entgegen: »O Ihr falscher Dieb! Wer hätte das gedacht, daß Ihr bei andern Weibern liegt? War ich Euch etwa nicht schön genug?« Dabei gab sie ihm einen Backenstreich, daß ihm die Wange blutrot davon wurde. »Pfui«, schrie sie, »Ihr böser Schalk!« Da sagte er: »Habt Geduld, um Gottes willen, und vernehmt meine Unschuld. Nicht genug, daß Ihr mich um die Freude bringt, bin ich auch noch ohne mein Verschulden dazu gekommen.« »So gebt mir Euer Wort, daß es nie wieder geschehen soll, dann möge denn in Gottes Namen wieder Freundschaft zwischen uns bestehen wie ehedem.« Da gab er ihr das Wort, daß es ihn gereue und nie wieder geschehen solle. Das alte Weib aber war, als sie sah, daß die Frau ihren Mann an den Haaren riß, schleunigst aus dem Hause geflohen.

Die Heidin

Es war einmal ein edler Graf, der vernahm den Ruf von der unübertrefflichen Schönheit einer Königin, die fern im Heidenlande an der Seite ihres Gemahls leben sollte. Sogleich machte er sich auf, durchzog abenteuernd die Welt und gelangte am Ende in die Stadt, in der die Herrin seines Herzens wohnte. Der heidnische König lud ihn freundlich ein, er aber sah und hörte niemand als die liebliche Frau, die beim Essen und allerlei Kurzweil an seiner Seite saß: doch wies sie alle seine Bewerbungen zurück und vergalt ihm Liebe mit Hohn und spöttischer Rede, so daß er wieder davonzog und das ganze Heidenland durchquerend, sich in Todesgefahren und wilde Abenteuer stürzte. Als die Frau davon vernahm, fürchtete sie, er würde um ihretwillen den Tod erleiden, faßte Erbarmen mit seiner großen Liebe und begann, heimlich an ihn zu denken. Als der König nun eines Tages für lange fortgeritten war, sandte sie dem Grafen verhohlen einen Boten und bat ihn, zu ihr zu kommen.

Der glückliche Ritter ritt Tag und Nacht, bis er wieder bei der Frau ankam. Da grüßte sie ihn lieblich und sprach: »Seid mir willkommen, Herr, ich bin Eure Dienerin!« Darob erschrak er heftig: »Nein«, sagte er, »nicht meine Dienerin, meine Herrin sollst du sein!« Dann gingen sie zum Essen und hatten mancherlei Kurzweil und Saitenspiel. So ging es eine Zeit lang hin, da sprach er endlich: »Eia, meine liebe Herrin, es ist spät und meine Seele ist wund von Sehnsucht. Laß' uns zusammen in die Kemenate schlafen gehen.« Da lachte die Frau: »Freilich, wo zwei gefangene Diebe sind und haben sich lieb, die finden wohl eine List, wie sie mitsammen stehlen und hehlen können.« »Ach«, erwiderte der Ritter und sah sie lieblich an, »besser heute als morgen, denn so wird die Liebe zu dir fester von Tag zu Tage, damit du in meinem Herzen thronst als auserwählte Königin!« Dies sagte er, weil er hoffte, sie auf diese Weise leichter zu bewegen. Sie aber erwiderte: »Lieber Herr, ich will Eure Pein mildern und Euch Freude schenken: ich teile mich in zwei Teile, von denen jeder doch seine Schönheit hat, und gebe Euch den einen zum Eigentum. Sagt an, liebster Herr, wollt Ihr ihn haben?« »So fanget mit der Teilung an«, entgegnete er, »damit wir beide zufrieden sind und nichts Krummes dabei vorgehe!« »Nimm, was dir das Beste scheint!« sagte sie darauf. »Der eine Teil liegt oberhalb meines Gürtels: willst du ihn, so ist er dein. Der andere befindet sich vom Gürtel unterhalb: wählst du diesen, so schalte damit, wie es dir gefällt! Der bessere Teil gehört dir, der schlechtere mir, entscheide frei und nach eigenem Ermessen!« Der Ritter ließ den Kopf hängen und schwieg. »Antworte mir!« rief die Frau. Ihm war es, als wär' ihm der Bart ohne Schermesser geschoren, er hätte sich selber umbringen mögen. »Mir wäre besser, ich stäche mich tot«, sagte er, »als daß ich diese Not leide und Ihr mich auf solche Weise quält. Ich sehe, Ihr versteht Euch wohl auf Listen und Ränke. Gebt mir drei Tage Frist zur Überlegung, so will ich Euch sagen, welchen Teil ich nehmen mag.« »Es sei gewährt!« erwiderte sie, sagte ihm Gutenacht und ging zu Bette.

Der Graf aber schrie Zeter über das arglistige Weib: »Zu guter Zeit nimmt sie mir noch das Leben«, sprach er zu sich selber und legte sich verdrossen nieder. Die Gedanken gingen ihm kreuz und quer, er konnte keine Ruhe finden. »Der obere Teil ist ja gut«, dachte er, »aber der untere ist noch viel besser. Wie, wenn ich diesen nehme? Denn er taugt zur Liebe und wird mich reich an Freuden machen und ich erwerbe mit ihm zugleich den oberen Teil. Ei seht doch, was rede ich denn da? Ich bin ein Kind, das merk' ich wohl: Wenn mich die Frau nur einmal recht herzlich mit ihren Armen umfängt, so ist sie mein mit ihrem ganzen Leibe, das möcht' ich beschwören. Denn, wo wäre die Frau, die der Mann nicht erbarmte und die ihn forttriebe, wenn er in ihren Armen liegt?« Dann aber bedachte er sich anders und meinte, es wäre vielleicht doch besser, wenn er den unteren Teil wählte, er müßte ja ein Tölpel sein, wenn er den andern nähme. »Hast du nur den unteren einmal«, überlegte er, »so kannst du ihr sagen, was du magst, es geschieht auf jeden Fall und auf die lieblichste Weise.« Doch bald standen wieder die Gegengründe mächtig in ihm auf und machten ihn unruhig und verzagt. »Wenn es herauskäme und man hörte in dem Lande, ich hätte den untern Teil genommen«, sprach er zu sich selbst, »die Leute riefen mir ja auf den Gassen nach. Seht doch diesen Mann, schrieen sie, spuckt ihn an und lauft ihm nach wie einem Diebe! Der will ein Ritter sein und Minnedienst üben und weiß nicht einmal, wie er sich vor solcher Wahl zu betragen hat? Nein, wenn ich nun schon einen Teil in jedem Fall verlieren muß, so wähle ich den obern. Das kann noch mein Glück werden: sie hat dich sicherlich nur damit versuchen wollen, und wenn du sie schön bittest, so kann sie dir nimmer etwas versagen. Vertraue nur auf sie, sie ist ein ganzes Weib und weiß wohl, was sie tut.« Damit sprang er auf: »Ich nehme den oberen Teil«, rief er und fühlte sich wieder froher und zuversichtlicher.

So gingen die drei Tage vorüber. »Wenn ich nur richtig getroffen hätte, was sie gemeint hat«, dachte er, »sonst verliere ich sie zuletzt noch vollends«, und ging die ganze Zeit in lebhaften Sorgen umher. Am Morgen des dritten Tages nun trat die Frau vor ihn und fragte mit lieblicher Stimme: »Nun, Herr Graf, wie habt Ihr Euch bedacht? Ist es entschieden, welchen Teil Ihr nehmen wollt?« Da antwortete er mit Züchten: »So will ich Euch denn meinen Entschluß verraten und nicht länger damit hinter dem Berge halten: Ich sag' es auf Eure Gnade, der obere Teil soll mein sein!« »Es sei!« erwiderte sie, sah ihn mit spielenden Augen an und lachte. »Gut«, sagte er, »wenn es also dabei bleiben soll, so gebiete ich denn meinem Teil oberhalb des Gürtels, daß er mich sogleich lieblich umfange, wie es ihm geziemt.« Das geschah unverzüglich. Da sprach der Graf: »Gib mir deinen roten Mund!« »Tausendmal!« erwiderte sie, nahm ihn innig in ihre Arme und küßte und umfing ihn lieblich. »Herrin«, sprach er, »wie soll ich leben, daß du mit mir zufrieden bist? Belehre mich!« »Dein Teil ist dir hold«, entgegnete sie und drängte sich noch wärmer an ihn, »du tust so mit ihm, wie es mich recht dünkt.« »Herrin, Süße, Reine«, rief er da, »um aller Frauen Zucht beschwör' ich dich: gib mir nun auch den andern Teil.« »O nein, das wird nicht geschehen: ein Teil ist mein, der andere dein. Mit dem deinen vergnüge dich, wie es dir behagt, aber mit dem meinen tu ich, was ich will, und soll ein jedes behalten, was ihm gehört.« »So nimm den meinen und leihe mir inzwischen den deinen«, sprach der Ritter. Aber das wollte sie auch nicht tun. Da brach er in Jammer und Klage aus: »O weh, du Reine, du Gute, was bist du böser Listen so voll! Sprächst du nun, wie es billig wäre: Es sei!, ich möchte dich zwiefach meine Herrin nennen!« »Ei, wo käme denn dann meine Ehre hin?« entgegnete sie. »Nein, nein, überträte ich das Gebot, das wäre eine große Missetat.« »So willst du mich töten?« rief der Graf außer sich. »Wie«, antwortete sie, »hab' ich nicht selbst dich aus Nöten erlöst? Hast du nicht frei gewählt? Es tut mir leid, wenn du falsch gewählt hast«, und begann laut über die mißratene Wahl zu klagen.

Dabei umfing sie ihn aufs neue und herzte und koste ihn, ihm aber wurde so schwül zumut, daß er am liebsten damit verschont gewesen wäre. Ist doch kein Mann so wild oder so sanft geboren, daß er nicht zornig würde, wenn man ihn mit der einen Hand streichelt, mit der andern knebelt. Ach, solche Sehnsuchtsnot, wie sie der unglückliche Graf da erlitt, hätte selbst einen Riesen töten müssen. So nahm er denn verzagt Abschied und verließ das Zimmer.

Inzwischen war auch der König wieder nach Hause gekommen. Als der Graf dies vernahm, kam er auf eine gar feine List und sprach zu dem Weibe: »Habt Ihr Euch nun anders besonnen und wollt tun, was ich begehre?« »Nein«, erwiderte sie und verwies ihn auf seinen Teil. »Gut«, sagte der Graf, »sintemalen Ihr mir nicht ganz gehört, so verbiete ich hiermit meinen Augen, den König jemals heimlich anzusehen, und zwar dem rechten, sowohl wie dem linken. Meinen Ohren verbiete ich, irgend auf seine Worte zu hören und zu vernehmen, wenn er eine Bitte ausspricht. Auch verbiete ich meinem roten Mund, jemals in Güte zu ihm reden, und befehle ihm, jederzeit das Gegenteil von dem zu sprechen, was der Heide wünscht. Sagt er nein, mein Mund sagt ja, sagt er weiß wie Schnee, mein Mund sagt grün wie Klee. Endlich aber verbiete ich meinen Armen, ihn nimmer an meinen Brüsten erwarmen zu lassen.« »Was du mir geboten hast, wird geschehen«, sagte die Frau und schied von ihm, um sich zu dem Könige zu begeben. Dieser fragte gerade den Truchsessen, ob das Essen bereit sei, und wollte zu Tische gehen. Als sie nun ein Weilchen bei der Tafel gesessen hatten, lud er sie ein, zuzugreifen. »Laßt uns doch die Füße an dem Tische zählen«, erwiderte sie. Dann verlangte er zu trinken, da rief sie: »Bringt ihm endlich Schild und Speer!« »Seid Ihr denn trunken?« fragte er. »Nun will ich ein Abendtänzlein machen«, gab sie zur Antwort. »Weihrauch!« schrie der König, »sie ist verrückt geworden.« Aber sie schalt ihn einen Lügner und elenden Gauch und trieb es auf diese Weise volle sieben Tage. Sagte er Brot, so antwortete sie Stein, nannte er jemand trunken, sie erklärte ihn für naß. Bald wurde der König jedoch inne, daß sie mit allen verständig sprach und nur ihm so verkehrte und verquerte Antworten gab. »Ich will zur Jagd reiten«, rief er, »aber das sage ich Euch, Frau, laßt das Getue sein, sonst könnte es Euch noch übel ergehen!« Als er nun zwei Hasen erlegt hatte, schnitt er sich noch drei tüchtige Knüttel und ritt wieder nach

Hause. Die Frau aber änderte ihr Betragen nicht und fuhr fort, verdrehte Reden zu führen: da packte er sie bei ihrem gelben Haare, zerrte sie weidlich hin und her, zerknüllte ihr den Kopf und verbläute ihr den Rücken, daß die Knüttel davon in Stücke sprangen. »Nun hast du dein Teil«, rief er zornig, »ich aber reite nun fort, so bald sollst du mich nicht wieder zu Gesicht bekommen«, ließ sich sein Roß satteln und sprengte auf und davon.

Da ermannte sich die Frau, ging hinein zu dem Grafen und klagte ihm ihr Leid. »Wer hat dir etwas angetan?« fragte er. »Mein Satan von Mann«, erwiderte sie, »und das aus keinem andern Grunde, als weil du mir das törichte Gebot gegeben hast«, und zeigte ihm ihren zerrauften Kopf und wie ihr Rücken und Arme zerschlagen waren. »Es tut mir leid«, sagte der Graf, »aber ich will Gott doch loben, daß wenigstens dein Teil verschont geblieben ist. Wenn der meine geschlagen wurde, so will ich's im Namen Gottes ertragen. Armes Kind, hat er dir meinen Rücken arg verprügelt?« »Laß dein Spotten sein«, rief sie und fiel ihm um den Hals, »glaube mir, von diesem Tage ab werd' ich keinen Stoß noch Schlag mehr um deinetwillen erdulden. Komm, laß uns schlafen gehen.« »So hebst du die Teilung auf?« fragte der glückselige Ritter. Sie aber öffnete schon die Tür zu ihrer Kemenate und führte ihn leise hinein.

Der Frauenturnei

Auf einer Burg jenseits des Rheines saßen einmal vierzig oder noch mehr ritterliche Burgleute, die in der ganzen Gegend wegen ihrer Kampftüchtigkeit und Lust am Stechen und Turnieren berühmt und gefürchtet waren. Sie hatten untereinander einen Hauptmann erwählt, der die Aufgabe hatte, sich bei allen Zwistigkeiten, die zwischen ihnen entstehen mochten, ins Mittel zu legen und keinerlei Streit zu dulden. Dies war es, was sie so stark und wehrhaft nach außen machte: hatte einer von ihnen eine Kränkung erlitten, so waren sogleich die andern zur Hand, die Unbill zu rächen. Auch pflegten die Männer jeden Zank, der zwischen den Frauen vorkam, unverzüglich zu schlichten, so daß alles in Eintracht und Einigkeit zueinander hielt und die so gestählte Kraft sich um so fröhlicher entladen konnte, wenn es im Lande Fehden zu führen oder ritterliche Spiele durchzufechten galt.

Nun ritten sie einmal wider einen Gegner, der auch nicht schläfrig war, zumal er die Macht von Freunden und Geld hinter sich stehen wußte. Er wehrte sich, was er konnte, brannte und verheerte und schuf den wackern Rittern mancherlei Ungemach. Da kamen diese zusammen und brachten es, um so gewaltige Schädigungen von Land und Leuten für die Zukunft zu verhüten, zu einer Sühne, bei der die beiderseitigen Rechte zur Beratung stehen sollten. Man einigte sich, acht Tage danach waffenlos, nur mit dem Schwerte gegürtet, auf Zeltern oder zu Fuße an einem bestimmten Ort zusammenzukommen. Als nun der Tag, ein Sonntag, herangekommen war, ritten oder gingen sie in guter Muße nach dem nahen Versammlungsplatz und ließen niemand in der Burg zurück als ihre Frauen.

Diese nun, lustig wie sie stets zu sein pflegten, gingen mitsammen hinaus auf einen lieblichen Plan und erzählten einander ihre Neuigkeiten. Da sprach eine von den Frauen, eine recht übermütige, die just im besten Alter stand: »Ich wüßte wohl, wie wir uns eine Lustbarkeit schaffen könnten! Seit unsere Männer immerfort in Fehde liegen und dafür im ganzen Lande weit und breit berühmt sind, denk' ich, wir dürften auch ein wenig nach Ehre streben. Und sagte man uns das Gleiche nach, wie ihnen, das mein' ich, wäre gut für uns und unsern Ruf in der Welt.« Aber eine andere erwiderte: »Welchen Preis und Ruhm sollten wir denn weiter noch erstreben, als daß wir unsere Ehre und unser Weibtum bewahren? Die Frau, die diese Krone trägt, hat höheren Preis als alle Helden und Könige: sie habe ihren Mann lieb und halte ihn wert in Treuen. Das ist der Ruhm, den man von Frauen begehrt.« Alle stimmten ihr zu, aber die erste war keineswegs gewillt nachzugeben: »Wollt Ihr mir ein Gelübde tun«, sagte sie, »so bringe ich es noch dazu, daß auch wir Lob erwerben, dieweil wir noch leben. Ich habe ein Spiel für uns erdacht, das soll uns Ruhm genug einbringen, wo immer man davon vernimmt, und es wird niemand geben, der es nicht recht und gut hieße!« »Nun«, meinten die Frauen, »ist es etwas Lobenswürdiges, so wäre man ja von Sinnen, wenn man's nicht täte.« »Ihr habt's gehört«, fuhr jene fort und ging von einer zur andern, um sich das Gelübde geben zu lassen. Als das geschehen war, sprach sie: »Wohlauf, hört an, was ich mir ausgedacht habe: da wir just allein zu Hause sind und wenn wir nicht mögen, niemand hereinzulassen brauchen, so wollen wir uns in zwei Parteien teilen und einen Turnei veranstalten.« Sogleich ließ sie die Burg zuschließen und sperrte gleichzeitig die Torwärter und Wächter aus. »Denn«, sagte sie, »die werden es dann gleich im Lande ausschreien und uns berühmt machen. Laßt uns die Harnische heraustragen und die Rosse rüsten!« Zwar versuchte eine noch, die Schar von dem Gedanken abzubringen: »Wie soll ich tun, was ich niemals tat?« sprach sie, »soll ich wie ein Mann zu Pferde sitzen? das nenn' ich nicht fraulich gedacht.« Aber jene wies sie zornig zurecht: »Habt Ihr dies gehört?« rief sie. »Aber ich werde jede für treulos und meineidig erklären, die noch ein Wort dawider redet.« So wurden denn die Harnische herangebracht und manche liebliche Frau begann sogleich, sich gar erschrecklich zu wappnen: sie fuhren in die Hosen, legten die prächtigen Waffenröcke an und banden mit feinen, schimmernden Händlein die Riemen an das Hüftenteil. Dann setzten sie die Helme auf, bestiegen die Rosse und ritten unverzüglich zu zwei Parteien auseinander. So begann der Turnei.

Die einen sollten die Sachsen vorstellen, die andern die Überrheinischen. Ehe man jedoch in den Kampf eintrat, hub sich jene, die des ganzen Spieles Meisterin und Anstifterin war, nochmals her und rief, während die andern die Helme abnahmen und auf den

Nacken der Rosse hielten: »Ihr sollt Euch nennen, jegliche Frau nach ihrem Mann oder nach wem sonst sie einen Namen tragen will, damit wir uns daran erkennen.«

Sie waren eben noch dabei, sich jede einen ritterlichen Namen zu wählen, als noch eine Jungfrau, schön und stolz, dahergeritten kam: sie war wohl fünf Jahre und mehr über die erste Jugend hinaus, aber sie trug es ohne alle Klage. Ihr Vater war verarmt, so daß einer, der sie zum Weibe nehmen wollte, sie wegen ihrer Armut verlassen hatte. Trotzdem aber besaß ihr Vater noch sein wohlgerüstet Roß und ein schönes Gewaffen war auch noch da, daran nicht ein Riemen fehlte. Dieses Gewaffen hatte sie nun angelegt und das Roß bestiegen, als sie jetzt in den Kreis geritten kam. Da man sie fragte, wie ihr Name wäre, begann sie hin- und herzusinnen und die Schamröte schlug ihr ins Gesicht, weil ihr Vater wegen seiner Armut zu Hause liegen mußte und auch von ihren Verwandten keiner reich genug war, sich mit Turneien abzugeben, so daß sie keinen ritterlichen Namen wußte, nach dem sie sich hätte nennen können. Endlich raffte sie sich auf: »Ich will«, sprach sie, »einen Namen haben: Herzog Walrabe von Limburg will ich genannt sein. Der ist einer der besten Ritter, die je die Sonne beschien. Ich brauche mich seiner nicht zu schämen.« Da wurden die Helme aufs neue aufgesetzt und der Streit begann. Sogleich fuhr die Jungfrau zum Einzelkampf vor und stach mit ihrer weißen Hand einen Speer so ritterlich entzwei, daß alles auf dem Felde schrie: »Zu, zu, Limburg, zu!« Der Turnei begann zusammenzuschlagen, die Jungfrau sprengte herzu und stritt mit Stoß und Hieb und Drängen so meisterlich, daß man Wunder an ihr sah. »Dem Herzog Walrabe gebührt allhier der Preis!« rief das Volk insgemein, und »Limburg!« scholl es laut an allen Ecken und Enden. Manche fiel, von der Feindin aus dem Sattel geworfen, mit hartem Sturz vom Roß, blanke Arme und weiße Beine funkelten durcheinander oder brachen kläglich von Rosses Gewalt, so daß den Kämpferinnen recht erbärmlich zumute ward und sie wähnten, den Turnei nicht zu überleben, so jämmerlich weh taten ihnen die Knochen in ihrem Leibe, und alle hätten gerne schon damit aufgehört. Nur jene Jungfrau wollte immer noch mehr, ihr tat kein Schlag irgend weh: Pang, kling, war alles, was man von ihr hörte, dräng, dring! alles, was man sah. Die weißesten Waden schütterten, wie die Rosse mit Gewalt wider einander drangen, die

Helmen erklangen laut und spritzten Feuerfunken. Endlich gab das Gewühl nach und der Kampf beruhigte sich. Eine nach der andern ging, den Harnisch abzulegen und ihn sein säuberlich wieder dahin zu tun, woher sie ihn genommen hatte, ehe die Herren nach Hause kämen. Dann wuschen sie sich schön, es sollte niemand etwas von der Geschichte sagen.

Aber die Herren witterten doch bald etwas von dem Vorfall, zumal sie die Rosse ganz schweißig fanden und mehr als eine Frau elend daniederlag. Sie fragten die Knaben, die bei ihnen Kämmerlingsdienste taten und zu Hause geblieben waren, da erzählten ihnen diese, wie die eine die andere niedergerannt und jene ihren Speer zerbrochen. Als die Herren dies hörten und wieder zusammenkamen, mußten sie alle lachen: es schien ihnen denn doch ein starkes Stück, was die Frauen da vollführt hatten. »Wir wollen sie schlagen«, sagte einer, »wenn die Weiber anfangen, turnieren zu fahren, so können wir das Haus behüten! Hat sich denn die Welt verkehrt? Ich will der meinen den Turnei aufschlagen, daß sie ein Jahr lang dran denken soll!« »Das dünkt mich übel gehandelt,« erwiderte ein Zweiter. »Ich denke, wir sollen es ihnen hingehen lassen. Wovon kam es denn als weil sie fröhlich sind und jung? Ich meine, wir lassen sie auf die große Mühe hin tüchtig baden, denn die Glieder tun ihnen weh genug, und damit sei alles vergessen und begraben.« Dem stimmten alle bei und es war seither keine Rede mehr von dem peinlichen Geschehnis, nur daß sie zuweilen, wenn sie aßen und tranken, noch weidlich darüber scherzten und lachten.

Allein trotz ihres Stillschweigens drang die Kunde von dem Frauenturnei über die Burg hinaus und bald erscholl das ganze Land weit und breit von der seltsamen Märe. Auch der Herzog Walrabe von Limburg vernahm davon und hätte gerne der Jungfrau, die in seinem Namen so Ritterliches getan, irgend eine Wohltat erwiesen und seinen Spaß an ihr gehabt. Fröhlich ritt er eines Tages vor die Burg, wo der Turnei geschehen war, und sagte zu seinen Knechten, nachdem er ihnen die Geschichte von der kampflustigen Jungfrau erzählt, er müsse heut hinein, gehe es, wie es wolle. »Zum mindesten muß ich sehen, wie sie aussieht,« rief er und wollte fürbaß reiten. Da bemerkte er, daß die Frauen sich eben draußen im Freien ergingen, denn sie waren, eine ganze Schar, gerade unter Lachen und Plaudern herausgekommen. Da stieg der Herzog ab

und ging ihnen entgegen. »Wißt Ihr, warum ich gekommen bin?«
rief er ihnen zu. »Ich will die Jungfrau sehen, die sich damals nach
mir genannt hat, um ihr für die Ehre zu danken.« Da ergriff eine
von den Frauen die Jungfrau bei der Hand und führte sie ihm vor.
Sie verneigte sich tief, ohne zu erröten. Er redete ihr freundlich zu,
dankte ihr herzlich und befahl, ihren Vater herbeizurufen. Als die-
ser gekommen war, fragte er ihn, wie es denn geschehe, daß ein so
stolzes Fräulein noch keinen Gatten bekommen? Da klagte ihm der
Vater all sein Leid, daß sie es nun entgelten müsse, weil er sein gan-
zes Gut verloren habe. Als der Herzog dies vernahm, versprach er,
ihr das Nötige zu geben, und hielt sein Wort redlich. Er verheiratete
sie später einem reichen Manne, mit dem sie dann noch manchen
Turnei bestehen konnte: Des Tags im Ehekrieg und des Nachts im
Liebesfrieden. Man sagt, sie sei in beiden immer die Siegerin geblie-
ben.

Der Ritter mit den Nüssen

Ein Ritter ritt eines Tages, wie er öfter zu tun pflegte, mit seinen Hunden zur Jagd. Alsbald sandte seine Frau heimlich zu ihrem Buhlen und beschied ihn zu sich. Da ward dieser fröhlich und ging hin. Sie legten sich miteinander zu Bett und taten, was ihnen gefiel. Laßt einen Mönch raten, wenn ihr mehr darüber wissen wollt!

Unterdessen begann es jedoch zu regnen, so daß der Gatte sich entschloß, umzukehren. Er dachte: »Eh du naß wirst, besser, du reitest wieder heim.« Denn die Wolken ergossen sich heftig. Da begegnete er einer Schar Kindern, die um Nüsse gegangen waren, nun aber gleich ihm vor dem Regen flüchteten, ehe es noch stärker gösse. Sie hatten ein gut Teil Nüsse in ihren Schoß gebrochen, da bat er sie, ihm auch davon zu geben. Die Kinder taten es gerne und er hielt seinen Hut hin, denn er hoffte, mit den Nüssen eine Kurzweil für den Rückweg zu haben. So ritt er denn heim, während seine Hunde vor ihm herliefen. Der eine sprang voraus und kratzte am Tor. Da erschrak der Ritter, der im Bette des Wirtes lag, heftig, denn er dachte nicht anders, als der Wirt selbst wäre schon da. Als das die Frau vernahm, stand sie schnell auf: »Ihr dürft keine Angst haben«, sagte sie. »Liegt nur stille und schweiget zu allem, was ich sprechen werde. Der Bettumhang ist dicht, ich werde Euch leicht von hinnen bringen.« Als der Wirt in den Hof eingeritten war, nahm man ihm sein Pferd ab. Während er nun zur Kemenate seiner Frau ging, öffnete sie die Tür und setzte sich auf einen steinernen Sitz, der bei dem Bette stand, in welchem der Ritter nun allein hinter dem Umhang lag. Bald darauf trat der Wirt herein. »Was machst du, Frau?« fragte er. »Ei«, sagte sie, »ich wollte just zu Bette gehen. Denn ich langweilte mich gar sehr, als ich so allein dasaß. Ach Gott, wozu es wohl helfen mag, daß du immerzu mit den Hunden ausreitest und lassest mich allein hier sitzen?« »Schweig nur«, sagte er, »ich habe dir Nüsse mitgebracht.« »Das nenn' ich verständig«, erwiderte sie, »du hast wohl selbst gedacht, daß ich hier nicht eben Kurzweil habe.« Damit setzten sie sich hin und knackten die Nüsse aus dem Schoß der Frau. Indessen verging der Gast, der in dem Bette lag, beinahe vor Angst. Sie aber rief: »Herr Ritter in dem Bette, ich helfe Euch aus dieser Kemenate, des seid nur getrost! Hier wird Euch nichts geschehen, was sollte man Euch auch vorzuwerfen haben? Helft uns lieber Nüsse knacken!« Damit nahm sie eine Handvoll davon und warf sie hinter den Umhang. Aber der Gast wollte nicht knacken, es war ihm wohl zu langwierig. Um so verwunderter war der Wirt. »Was hast du nur um Gottes willen«, sprach er, »zu wem redest du?« »Ei, es liegt ein Ritter dort in unserer Bettstatt«, entgegnete sie. »Der wüßte wohl nichts Besseres, als hier auf mich zu warten?« »Das glaub' ich dir, daß ich es hernach den Tag lang von dir hören müßte! Aber ich will keine Schuld daran haben: steh auf und sieh selbst, wer es ist. Er hat gerade bei mir gelegen, mußtest du denn so früh zurückkommen und uns unsre Freude stören? Denn es ist ein gar kühner Held.« »Der Lästerteufel muß in dich gefahren sein«, rief der Gatte, »Gott steh dir bei, daß du wieder zu Sinnen kommst. Wer ginge mir denn so töricht in die Schlinge und legte sich hier in mein Bett? Daß Gott dir helfe, bedenke dich und laß mich in Frieden!« »Meinst du, ich sei verrückt? So stehe doch auf und sieh selbst! Ich bin bei gutem Verstande, aber bei dir steht es, scheint's, nicht richtig im Kopf.« »Du äffst mich nur, daß ich hingehe und niemand darin finde, damit du mich auslachen und nachher mit den anderen Weibern deinen Spott aus mir machen kannst. Ich sage dir aber, ich tue es nicht und damit hat's ein Ende.« »Du fürchtest dich nur vor ihm, deshalb wagst du's nicht.« Aber er war auf keine Weise dazu zu bringen. Jener, der indessen das Bett hütete, hatte noch immer nicht mit Nüsseknacken begonnen, er wäre lieber bis zu Sankt Jakob nach Spanien gelaufen und hätte sich von dort welche geholt. Da sagte die Frau: »Du hast recht, es war nicht die Wahrheit und es ist wirklich niemand hier. Aber das mögest du mir glauben: Wenn dennoch ein Ritter in dem Bette läge, den wollt ich dir so fein von hinnen bringen, daß er aus dem Hause käme, ohne daß ihm auch nur ein Härchen dabei gekrümmt worden.« »Ei, wie wolltest du das zu stande bringen?« fragte der Gatte. Da entgegnete sie: »Ich nähme dich unter mein Gewand, drückte dich an mich und hielte dich fest an meinen Leib gepreßt, dann deckte dir das Haupt zu, wie ich nun tue· Herr Gast, jetzt ist der Weg frei, zieht ruhig dahin! denn ich habe ihm das Haupt zu gedeckt.« Der Gatte konnte nichts sehen, da ließ sich der Gast das nicht zweimal sagen und schlich eilends davon. Kaum aber hatte sie so ihrem Buhlen verholfen, daß er unbemerkt entwischen konnte, so ließ sie das Haupt ihres Mannes frei und faßte ihn vorn am Schopf.

»Hebe deinen Kopf hoch, Lieb«, sagte sie, »und sieh mir offen ins Gesicht! Es war ein Scherz – vergibst du ihn mir?«

Der genarrte Ehemann

(Herrand von Wildonie)

Ein Herr in Friaul, der selbst schon sehr alt war, besaß eine junge und liebreizende Frau, um die ein Ritter aus der Nachbarschaft sich so lange bewarb, bis sie seine Treue gern gelohnt hätte und ihm ein Stelldichein versprach. Der Hof ihres Mannes lag an einer Ebene, der Erker des Zimmers, wo das Ehepaar nachts zu schlafen pflegte, ging auf einen Hag hinaus, der dahinter lag. Der Bote nun, den sie fortsandte, sprach zu dem glücklichen Ritter: »Meine Herrin läßt Euch sagen, Ihr möchtet leise nach dem Hause kommen und in dem Hag warten. Vor Tag sollt Ihr Euch dann unter den Erker schleichen, da werdet Ihr ein Ringlein finden, das hängt an einer Schnur, die Schnur aber hat meine Herrin an ihre Zehe gebunden. Da ziehet dran, so wird sie merken, daß Ihr es seid, und kommt zu Euch in den Hag hinunter.«

In der angegebenen Nacht schlich sich nun der Ritter hin und fand auch wirklich die Schnur und das Ringlein daran hangen. Er faßte zu und klingelte dran. Aber da spürte der Hausherr die Schnur, denn sie ging ihm gerade über das eine Bein. Dadurch gestört, wachte er auf. Er mochte sein Weib nicht wecken, doch wollte er gerne sehen, was ihm denn so über den Körper hingeglitten wäre. Leise griff er danach und gewahrte nun, wo die Schnur angebunden war. Dann wickelte er diese ganz um seine Hand, bis das Ringlein heraufkam. Er erschrak heftig darüber und dachte: »Mein Weib betrügt mich«, daß ihm vor Leide das Ringlein unvermerkt wieder aus den Händen fiel. Dann sprang er aus dem Bette und lief, wo er ein Türlein wußte, das nach dem Hag hinausging. Der Ritter, der dort wartete, dachte: »Da kommt meine Herrin«, als er das kleine Türlein gehen hörte, und stürzte hin. Da erwischte ihn der Hausherr am Haar und schrie nach dem Gesinde. Der Gast dachte: Wenn ich mich wehre, so kommt meine Herrin ins Gerede, und ließ alles über sich ergehen. Von dem Geschrei des Hausherrn war aber indessen die Frau erwacht, die noch fest geschlafen hatte. Rasch warf sie ein Gewand über, denn sie ahnte sogleich, was geschehen war, lief mit Windeseile hinunter in den Hag zu den beiden, deren einer oben, der andere unten lag, und rief: »Was gibt es hier? Herzliebster Herr, bedarfst du meiner?« »Wenn ich nur wüßte«, schrie der Alte, »wer der ist, der sich mir hier wie ein Dieb ins Haus geschlichen hat.« »So geh doch«, sagte sie, »und hole ein Licht. Ich will ihn indessen halten! Mein Leben zum Pfande, wenn ich dir nicht alles so wiedergebe, wie du es mir übergeben hast.« Er dachte: Wenn ich *sie* gehen lasse, um Licht zu zünden, dort liegen mehr als zehn Mann, da kann noch größerer Schaden geschehen als durch den einen hier, und sagte darum: »Nehmt ihn also, aber das sage ich Euch: laßt Ihr ihn mir entlaufen so sollt Ihr mir's an seiner statt mit dem Leben bezahlen.« Damit übergab er ihr den Eindringling und lief fort nach einem Lichte. »Ach, nun bin ich Euch zu Leide statt zur Wonne gekommen«, sagte der Ritter, aber die Frau sprach: »Geht hin in den Hof und wartet dort auf mich!« »Euer Leib haftet für den meinen, und ehe ich den verlieren möchte, geb' ich lieber mein eigen Leben hin.« »Um mich sorgt Euch nicht!« Da küßte er sie: »Gott segne dich!« und ging. Denn sie hatte bereits ihren Anschlag ersonnen: Sie ergriff einen Esel, den sie in der Nähe fand, bei den Ohren und hielt ihn fest daran, wie sie vorher den Ritter festgehalten hatte. Aber kein Vieh mag sich gerne an den Ohren ziehen lassen. Es wurde bald störrisch und begann Schritt vor Schritt rückwärts zu gehen, bis wo der Hag zu Ende war. »Gott«, dachte sie, »wenn ich dich lasse, so bin ich schuldig um diesen Mann!« So zog das Tier sie immer weiter. Dornen, Nesseln und Geäst rissen ihr das Gewand vom Leibe, bis sie völlig nackt und ihr schöner Leib von Blut überströmt war. Indessen kam der Hausherr herbeigelaufen, es fehlte nicht viel, so hätte er sich verirrt, und brachte eine große, brennende Fackel. Die Frau verdroß es, daß er so lange fortgeblieben war, sie schrie: »Treuloser, davon werd' ich so bald nicht wieder genesen, was Ihr mir da zu halten gegeben habt!« Nun lief er schnaufend, was er konnte, denn er wollte ihr helfen, als er sie in Nöten sah. Als er aber das Tier in ihren Händen fand, erschrak er und rief: »Daß ich Euch je gesehen habe! Wo ist der Mann hin?« »Seht doch, was das hier ist«, antwortete sie: »Seid Ihr denn des Teufels, was habt Ihr mir da in die Hand gegeben?« »Geht schlafen«, schrie er, »ich sehe wohl, wie treulos und bösen Sinnes Ihr seid.«

Der Wirt legte sich nun nieder, während die Frau sich vor das Bett setzte. Als sie sah, daß er fest eingeschlafen und todmüde war, ging sie leise hinaus in den Hof, weckte eine Frau, die eine Gevatterin von ihr war, und sprach zu ihr: »Ach, geht doch ein Weilchen zu meinem Mann und setzt Euch vor sein Bett. Ihr braucht nichts zu tun als zu schweigen, wenn er redet, ich komme bald zurück.« »Was habt Ihr denn angestellt, daß Ihr nicht selber hingehen wollt?« fragte die Gevatterin. »Ach«, sagte die Frau, »es ist ein Zörnlein zwischen uns. Sollte er Euch schlagen, so will ich Euch gern Ersatz geben, ein halbes Pfund soll mir nicht zu viel sein.« »Ei«, dachte die Gevatterin, »wenn er mich selbst blutig schlüge, die Hälfte wäre genug, mich damit kurieren zu lassen, so daß ich immer noch die andere Hälfte als reinen Gewinn behalte.« So ging sie denn hin, schloß leise hinter sich die Tür und setzte sich vor das Bett. Indessen eilte die Frau zu ihrem Ritter und koste mit ihm nach Herzenslust.

Einige Zeit danach erwachte der Wirt aus seinem Schlafe. Als er die Frau nicht neben sich im Bette fand, rief er: »Wollt Ihr gar noch meiner spotten?« Aber nichts antwortete ihm als ein Schweigen. »Ihr werdet Euch sogleich zu mir herlegen!« schrie er, doch wieder kam nur ein Schweigen als Antwort zurück. Da ergriff er einen Riegel, legte die Gevatterin über und schlug drauf los, was ihm gut dünkte. Schnaufend fragte er nochmals: »Wollt Ihr mir nun gehorchen?« Als aber die Frau, in Angst, ihren wohlverdienten Lohn zu verlieren, immer noch beharrlich schwieg, begann er aufs neue noch heftiger dreinzuschlagen. »Wartet«, schrie er dann, »daß Ihr mich so betrogt, dafür sollt Ihr mir noch ein Wahrzeichen tragen!« Dabei zog er ein Messer hervor und schnitt ihr ihr schönes Haar bis oberhalb der Ohren ab. »Es wird Euch ja wohl ein Leichtes sein, Euch anderes Haar zu machen, nachdem Ihr mir aus dem Manne einen Esel gemacht habt.« Nun aber hatte er sich schon so sehr aufgeregt und ermüdet, daß er sich sogleich legen mußte und wie ein Toter ins Bett fiel.

Unterdessen hatte die Frau ihrem Liebsten mancherlei Wonne geschenkt, hieß ihn gehen, schlich sich wieder zurück zu ihrer Kemenate und sprach: »Gevatterin, geht, ich will nun selbst bei meinem Manne bleiben.« Die Geschlagene beklagte sich über den Unglimpf, der ihr widerfahren war, und zeigte ihr abgeschnittenes Haar, tröstete sich jedoch bald mit dem Gewinn, den ihr die Frau aufs neue versprach, und ging zurück zu ihren Kindern. Kaum war die Frau allein, so schlüpfte sie zu ihrem Manne ins Bett und schmiegte sich innig an ihn. Vor Müdigkeit bemerkte er gar nicht, wie sie ihn an sich und ihre Wange an die seine drückte.

Die Sonne stand schon hoch, als der Wirt endlich erwachte. Als er sie so zärtlich neben sich liegen sah, sagte er: »Hättet Ihr das nur früher getan, Ihr hättet in Ruhe leben können.« »Was meinst du damit, lieber Herr?« fragte sie. »Ich meine, daß Ihr böses Weib Kummer und Beschwer genug auf mich geladen habt.« »Wodurch das, lieber Herr?« »Ei«, sagte er, »was sollte denn das Ringlein bedeuten, das an einer Schnur bis hinunter ins Gras hing und an Eure Zehe gebunden war?« »Wozu hätte ich das getan?« fragte sie. »Wozu? Einen fremden Mann habt Ihr in den Hag kommen heißen, aber die Schnur ging mir übers Bein, so daß ich aufwachte, als er dran zu ziehen begann. Aber ich packte ihn nicht schlecht beim Haar und den Ohren.« »Wo habt Ihr denn den Mann hingetan?« sprach sie. »Ihr habt ihn mir abgejagt, dafür will ich Euch immer hassen, böses Weib.« »Wenn ich ihn Euch abgejagt habe, wo ist er denn?« »Ihr habt mir einen Esel statt seiner in die Hand gegeben, den Ihr bei den Ohren hieltet. Wollt Ihr mich zum Narren machen? Dazu bin ich doch wohl schon zu grau.« »Nun, und was tatet Ihr darauf?« »Sieh deinen Rücken an, so weißt du's!« »Gut«, erwiderte sie, »wenn Ihr die Spuren von Schlägen darauf seht, so will ich Euch's glauben.« Sie entblößte sich und zeigte ihren Rücken. »Nun«, sagte sie, »solltet Ihr's nicht vielleicht geträumt haben?« »Zeige dein Haar, zeige dein Haar!« rief er. »Warum das?« »Es muß abgeschnitten sein.« »Ha, Ihr Held!« sagte sie, »bin ich deshalb Eure Frau geworden, damit Ihr solche Niederträchtigkeiten von mir träumt?« »Du läßt es nicht gerne sehen«, rief er. »Wenn es aber nicht wahr ist«, erwiderte sie, »so seid Ihr toll geworden und ich will es meinen Verwandten klagen und Euch nie wieder gut werden.« »Ihr stellt Euch zornig«, sagte er, »damit ich es Euch erlasse. Aber ich tue es nicht, ich muß sehen, wie schön gestrählt Ihr seid.« »Es sei, wenn Ihr's nicht anders haben wollt: Seht, so schön gestrählt habe ich mich dem zu Liebe, mit dem Ihr mich der Treulosigkeit zeiht.« Dabei riß sie im Zorn ihren Kopfputz herab: »Habe ich mein Haar verloren«, rief sie, »wie leid wird es dem tun, für den ich's an den nächsten Feiertagen tragen wollte.« Nun war ihr Haar aber so lang, daß es bis auf die Hüften herabfloß. Der Wirt erschrak furchtbar und dachte: »Bin ich denn toll? Was habe ich da angerichtet? Sie hat recht, wenn sie mir dies nimmer verzeiht. Aber, bei Gott, hätt' ich nicht ihren Rücken und ihr Haar gesehen, ich schwüre jeht noch darauf, daß es wahr ist.« Reuig begann er nun zu bitten und ihre Verzeihung zu erflehen. »Wie«, entgegnete sie, »sollte ich mich so beschimpfen und der Ehre berauben lassen? Sucht Euch doch ein andres Weib, die es sich bieten lassen mag!« »Liebe Frau«, bat er, »ich will dir einen schönen Mantel von Samt oder Seide schenken, nur laß ab, mir länger zu zürnen.« »So sei es denn in Gottes Namen«, gab sie endlich zur Antwort. »Aber seht zu, daß es niemals wieder geschehe!«

Die treue Magd

Es war einmal ein biederer Scholar, dem Dienste der Wissenschaften und der Frauen ergeben, von fröhlicher Sinnesart und voll von kuriosen Reden, mit denen er die Leute lachen machte. Der entschloß sich eines Tages, seinen Vater, der reich an Schätzen und Ländereien war, um Geld zu bitten und nach Paris zu reiten, um dort der hohen Schule zu genießen, von der er viel gehört. Er besaß die Gewohnheit, regelmäßig am Morgen und Abend ein Gebetlein zu sprechen: morgens zu dem dreieinigen Gott, daß er ihn den Tag vor allem Jammer beschütze, abends zur heiligen Gertrud, ihm gute Herberg für die nächste Nacht zu geben. Als er nun so dahinritt, schlossen sich ihm unterwegs einige Krämer und Kaufleute an, mit denen er unter allerlei lustigen Gesprächen so seine sechzig Meilen zurücklegte. Als die Herren nun aber wieder umkehren mußten, litt es ihn nicht länger in der Stadt, in der sie zuletzt gewesen: rasch bestieg er wieder sein Pferd, sprach sein gewohntes Morgengebet und ritt frischen Mutes allein in den Tag hinein. Als die Sonne unterging, befand er sich noch fern von der nächsten Stadt. Es wurde spät, rings war nichts als Wald und weite Heide. Da rief er laut: »Heilige Jungfrau Gertrud, sag' mir gute Herberg an, damit ich bei Gesundheit bleibe!« Er spornte sein Pferd zur Eile, denn er hatte noch drei lange Meilen zu reiten. Dann aber dachte er: »Du wirst doch hier draußen nächtigen müssen. Und daß du dein Pferd zu Tode rennst, hilft dir nicht, du kommst nicht mehr zur Zeit hinein. Drum gib dir keine Mühe und reite sacht!« Plötzlich aber wurde er abseits auf der Heide eines Mägdleins gewahr, wie es eben drei Lämmer und ein Schwein in einen stattlichen Hof hineintrieb. »Gott sei Dank, daß ich zu Leuten gekommen bin«, sprach er, gab seinem Rosse die Sporen und sprengte so ritterlich in den Hof hinein. Da lief ein kleines Kindlein und sagte es der Frau. Diese stand auf, um nachzusehen, und stellte sich an ein kleines Fenster. Da sah sie der feine Scholar oben stehen, wie eine Rose, die am Morgen aufgegangen. Seine Augen spielten zu ihr hinauf, grüßend ritt er näher und redete mit süßen Worten, die er gar artig zu setzen verstand, zu der Frau im Fenster: »Gott grüß' Euch, edle Dame! Wollt Ihr mir nicht sagen, wo der Herr des Hofes sich aufhalten mag?« »Mein Herr ist schon seit drei Tagen fort«, erwiderte die Schöne, »er sollte längst wieder zu Hause sein.« »Bedürft Ihr seiner denn so nötig?« setzte sie fragend hinzu. »O nicht doch«, entgegnete er, »ich bin nur ein landfremder Scholar, wollt Ihr mich, um unserer Frauen Ehre, hier herbergen lassen?« »Gerne«, sagte sie, »wenn mein Herr zu Hause wäre. So aber geht es nicht.« »Ach, und die Stadt ist so ferne, um unserer Frauen willen, laßt mich doch hier nächtigen!« antwortete er und verstand es, so trauliche, zarte und feine Reden zu führen, daß der Frau das Herz im Leibe zu lachen begann. »Wie gerne täte ich's doch«, sprach sie lieblich zu ihm, »aber die Leute sind so böse und lassen keinen unverdächtigt. Wenn dies nicht wäre, glaubt mir, ich ließe Euch nimmer von hinnen ziehen.« Als er dies hörte und inne wurde, daß sie seiner Bitte doch nicht willfahren würde, tröstete er sich und sprach: »Das hab' ich in den Büchern gelesen, was nicht sein soll, danach muß man nicht streben. Am Ende wird es anders noch besser, wer weiß! Und muß ich nun die Nacht so fort und fort reiten, durch Heide, Wald und Gebüsch, ich nehm's für gering und denke, das muß so sein. Gott segne Euch, edle, liebliche Frau, ich will nun von hinnen!« Aber sie bat ihn abzusteigen und wenigstens noch ein Weilchen zu verziehen, denn von den zärtlichen Worten, die er ihr gegeben, war ihr weh und bang zumute, und sie hätte gerne noch lange mit ihm gesprochen und freundliche Reden getauscht. Da kam eben ein Knappe über den Hof, der hatte kaum den Fremden erblickt, so rief er fröhlich: »Willkommen, lieber Junker!« und nahm ihm das Pferd ab. »Herrin«, sprach er dann, zu dieser gewendet, »ist das nicht eine seltsame Geschichte, daß Gott just diesen hierher gesandt hat? Ich habe lange seinem Vater gedient, das ist ein reicher Mann und hat Burgen und Ländereien die Fülle. Ich bitt' Euch, liebe Herrin, laßt ihn den Abend nicht fort von hier!« »So führe das Pferd hinein!« sagte die Frau. Dann ließ sie ihm Malvasier und andern edlen Wein auftragen. »Wo bleibt das Brot?« rief sie, »wenn mein Mann gekommen wäre, wir hätten es längst schon hier.« Ihre spielenden Augen und lieblichen Wangen wandten sich nicht mehr von ihm, sie hätte ihn immer und immer wieder ansehen mögen. Indessen trug man das Brot herein, da lud sie ihn ein, aufzustehen und Handwasser zu nehmen. »Ich sehe wohl, daß Ihr müde seid«, sagte sie und reichte ihm das Wasser zu. »Nun aber kommt und setzt Euch her«, sprach sie dann, »ich esse wenig, wenn ich so alleine sitze, mit Euch zusammen will ich nun um so tüchtiger speisen.« Er ließ sich züchtig nieder und die Frau betrug sich so lieblich und angenehm, daß er bald, seiner Art nach, die kuriosesten Reden führte und alles damit zum Lachen brachte. Aber die Frau lachte nicht mit, sein Scherz machte sie nachdenklich und so traurig, daß ihr die Speise im Munde erstarb. Ihr war so weh, wie dem Fisch im Wasser, wenn er plötzlich an der Angel zappelt, der bekannte Kummer quälte sie sehr. »Hm«, dachte der Jüngling, »was mag der Frau wohl sein?« »Eßt doch, liebe Frau«, sprach er zu ihr. Aber sie erwiderte: »Eßt nur selbst, lieber Herr Gast, das ist nun so eine drückende Angewohnheit von mir, daß mir das Herz weh tut, just wo ich am allerfröhlichsten sein sollte. Wie gerne ich auch hier bei Euch säße, damit wir um so wackerer essen, Gott, scheint's, will es nicht haben.« Rasch stand sie auf und verließ das Zimmer. Draußen gebot sie den Mägden noch, Stroh für den Gast aufzuschütten und ihn wie einen Herrn zu betten, damit er mit Dank des Morgens von hinnen scheide, sie selbst aber, sagte sie, wolle das Tor schließen und dann zu Bette gehen. Damit entfernte sie sich.

Die Mägde taten, wie ihnen geheißen war. Da es nun völlig Nacht geworden, bat man den Gast aufzustehen und gleichfalls zu Bette zu gehen. Er ließ sich führen und legte sich nieder. Bald lag auch das Gesinde in den Federn und alles schlief und war still im Haus. Während nun so der ganze Hof in Schlummer lag, saß die Frau wachend in ihrem Bette und ihr war weh ums Herz: »Lieber, guter Gott«, dachte sie, »sollte ich heute nicht bei ihm sein, ich stürbe dran.« Leise stand sie auf, schlich sich im Dunkel vorwärts und ging zu dem Schreiber hinein. Dort umfing sie ihn mit ihren Armen und sprach: »Lieber Schreiber, auf Eure Gnade komm' ich her. Ihr seid so jung. Ihr gebt mir noch den Tod.« »Liebe, edle Frau«, erwiderte der einfältige Schreiber, »was tu ich Euch? Was wollt Ihr von mir? Ihr sagt, ich gebe Euch den Tod: Hab' ich etwas geredet, das Euch leid ist? Das reute mich sehr.« »Ihr habt mir nichts zuleide getan«, sprach sie, »aber ich konnte nicht anders, als zu Euch gehen, um mit Euch zu kosen, denn Ihr seid mir lieb. Und wollt Ihr mein Leiden wieder gut machen, so muß ich nun bei Euch bleiben.« »Ach, geht«, meinte er, »laßt Euer Scherzen sein.« »Lieber«, sprach sie, »wie magst du glauben, daß ich scherze, und siehst doch, daß ich nachts allein zu dir gekommen bin? Wäre ich aufgestanden und stünde nun hier an deinem Bett, meint ich's nicht ernst?« Da antwortete er: »Ich bin Euer, tut, was Ihr nicht lassen könnt.« Sie küßte und umfing ihn lieblich, er aber nahm sie bei der Hand und legte sie in seinen Arm. So blieben sie selig die ganze Nacht beisammen.

Als es gen den Tag ging und sie beide entschlafen waren, kam der Wirt mit zwei Brüdern seiner Frau nach Hause und stieg im Hofe ab. »Nimm das Pferd und führe es hinein!« sagte er zum Knecht und bat die Schwäger einzutreten. Die Magd kam heraus und ging ihm entgegen, um ihn zu begrüßen. »Man hole Holz«, sprach der Wirt, »und mache uns ein gutes Feuer zurecht.« Die beiden schliefen immer noch: als die Ankömmlinge nun hineingingen und sahen das Bett da stehen, hielten die zwei sich gerade so innig umschlungen, daß alle geschworen hätten, es liege nur ein einziger Mensch darin. Die Magd machte indessen das Feuer an, da fragte sie der Wirt, wer denn in dem Bette wäre? »Es ist ein Schreiber«, erwiderte sie, »er kam des Abends und bat um Herberge. Euer Knecht hat bei seinem Vater gedient, er sagt, sein Vater wäre ein so reicher Mann, daß ihm Burgen und Länder untertänig sind.« »So laßt ihn schlafen«, sagte der Wirt. Nun lag die Frau so, daß sie den einen Arm unter der Decke hervorgestreckt hatte. »Guck, Schwager«, sagte der jüngere von den Brüdern, »hast du dein Lebtag schon einen Arm von so weißer Haut gesehen wie diesen da?« »Es gibt eben Leute, Schwager, die haben es besser als unsereins«, erwiderte der Wirt. »Brauchen nicht sorgen noch borgen und ihre höchste Qual ist, es den Frauenzimmern recht zu machen.« »Welch' eine zarte Hand!« rief der andre Bruder. »Ob die Schreiber wohl alle so feine Händlein haben?« »Wie sollten sie nicht«, meinte der Wirt, »die greifen dir keine Axt noch Haue an! Aber nun laß dein Geschau und dem Schreiberlein seine Ruhe!« »Weck' die Frau!« sagte er dann zur Magd, »sie soll zu uns herüberkommen!«

Die Magd ging in die Kemenate und sah mit Schrecken, daß das Bett leer war. Wie ein Blitz durchfuhr sie der Gedanke, daß die Frau bei dem Schreiber läge, und erfüllte sie mit solcher Angst und Pein, daß sie sich schlug und die Haare raufte. Aber rasch gefaßt, umarmte sie das Bett, fragte: »Liebe Frau, ist Euch schon besser?« und ging wieder vor die Tür. »Nun, kommt sie schon bald?« rief der Wirt ihr zu. »Ach, sie hat sich gestern abend recht schlecht befunden«, sagte die Magd, »aber sie wird sogleich kommen.« Da sah sie, daß ein Tisch bei dem Bette stand, nahm ihn und trug ihn von da fort vor das Feuer: »Der Wind geht und der Rauch läßt den Herrn nicht schlafen«, sagte sie, in Wirklichkeit aber wollte sie nur den Tisch weghaben, damit ihre Frau leichter entschlüpfen könne. Nach einiger Zeit aber wurde der Wirt ungeduldig: »Höre mal«, rief er, »die schläft aber lange, geh' und sage ihr, sie möge sogleich erscheinen.« So mußte die Magd zum andern Male hineingehen. Sie rang jämmerlich die Hände, setzte sich auf das Bettbrett und wußte vor Verzweiflung nicht aus noch ein. Aber Sankt Gertrud, die der Schreiber des Abends so innig um gute Herberge gebeten, gab ihr einen Rat zur Rettung ein. Sie nahm eine Kerze und klebte sie auf das Fensterbrett. Dann ging sie zurück: »Sie ist eben beim Anziehen«, sagte sie, »und wird sogleich da sein. Ich will indessen in den Hof gehen, ich weiß nicht, was die Ferkel haben, sie grunzen heute so.« Rasch ging sie hinaus, lief schnell um das Haus herum bis zu dem Kammerfenster, nahm fein säuberlich die Kerze von dort weg und lief, wo die Scheune stand. Dann steckte sie die Kerze in das Dach, lief wieder zurück und rief: »Feurio, Feurio! das Scheunendach brennt!« Die Herren stürzten hinaus und als sie das Unglück bemerkten, schleunig zur Scheune hin. Indessen lief die Magd hinein und weckte die Frau. Als diese den großen Feuerschein sah, erschrak sie heftig, beide wußten nicht, was geschehen sei und zogen sich eilig an. Kaum hatte man Zeit, daß die Magd ihnen erklären konnte, wie sich alles zugetragen, denn die Scheune wurde rasch gelöscht und die Herren kamen bereits zurück. Da ging die Frau ihnen entgegen und begrüßte sie. »Was bist du so verstört?« fragte der eine Bruder. »Das Feuer hat mich erschreckt«, sagte sie. Indessen war auch der Schreiber fertig geworden. »Hat man Euch unsanft geweckt?« sprach der Wirt zu ihm. »Wahrhaftig«, erwiderte er, »daß dies alles geschehen konnte und sogar dicht neben mir ein Feuer angemacht wurde, ohne daß ich erwachte, das dünkt mich wunderlich.« »Gut, daß wir die Scheune so rasch löschen konnten«, sagte der Wirt, »sonst wäre uns noch Haus und Hof und alles abgebrannt. Aber nun setzt Euch und laßt es Euch wohl sein!«

Er mußte noch drei Tage bleiben und mit dem Wirt und den Schwägern im Lande herumreiten. Wenn sie des Abends nach Hause kamen, betete der Schreiber, wie er gewohnt war, stets zu Sankt Gertrud, sie möge ihm gute Herberge geben, und immer tat sie es auch: denn die Frau erwartete ihn schon in ihrer Kammer, um ihm heimlich Freude zu machen. Als der Abschied kam, schenkte sie ihm noch ein goldenes Ringlein zum Andenken. »Lieber Schreiber«, sprach sie, »sagt niemand und keinem von dieser Geschichte! Aber wenn Ihr vielleicht eines Tages auf dem Rückweg seid, so kommt nur wieder zu mir!« Da umfing er lieblich ihren schmalen Leib und sie lachten einander fröhlich ins Gesicht. Plötzlich aber schossen ihnen die Tränen in die Augen.

Der Schreiber wurde später ein großer Gelehrter. Immer aber, wenn er so zu seinen Vorlesungen ging, mußte er dankbar der gütigen Frau gedenken, die ihm dereinst so Liebes getan.

Das Häslein

Ein braver Rittersmann ritt eines Tages zur Zeit, da man das Korn schneidet, mit zwei wackern Hunden und einem Sperber über Feld zur Jagd: Da tauchte ein junges Häslein vor ihm auf, dem jagte er mit seinen Hunden weidlich nach, das Häslein aber flüchtete eilig und entrann ins Korn. Doch geriet ihm dies nur zum Unheil, denn ein Schnitter fing es dort und gab es dem Ritter. »Das ist ein rechtes Abenteuer«, dachte dieser und begann nachzudenken, was er mit dem Tierlein beginnen solle. Da riet ihm sein Herz, es einem Mägdlein zu schenken, die sich ihm seit langem versagte, er aber glühte nach ihr in sehnender Glut, recht wie das Gold in der Esse. Des Gedankens freute er sich, denn, dachte er, Kinder kann man selbst mit einem Apfel gewinnen und geben um ein Ei das ganze deutsche Land. So ritt er denn einem Dorfe zu, durch das seine Straße führte, und streichelte zuweilen das Häslein auf seinem Arme.

Nun saß da in einer Laube, die nach der Straße hinausging, ein schönes, feines Jungfräulein, an Jahren ein Kind und auch noch einfältig wie ein Kind. Als er in ihre Nähe kam, grüßte er sie im Vorüberreiten, sie aber ersah das wilde Tierlein, das er bei sich trug, und sprach: »Sagt, Herr, von wannen habt Ihr das Häslein? Wollte doch Gott, es wäre mein! Oder ist es Euch feil?« »Es kann Euch wohl zuteil werden, schönes Kind«, entgegnete er, »wenn Ihr Euch nur befleißigt, es rechtmäßig zu kaufen.« »Ach ja, Herr, ich hätte es gar zu gern. Nun aber sagt, was ist es wert? Besäß' ich so viel, als Ihr dafür verlangt, ich wüßte mir keinen liebern Tag als diesen, da das Häslein mein wird.« »Ich geb' es Euch für Eure Minne«, erwiderte er. »Minne, Herr, was ist das?« fragte sie ihn. »Ihr verlangt, ich weiß nicht was. Nehmt, was ich auch geben kann! Wenn Euch das paßte, ich hab' in meinem Schrein drei Pfund Ringlein und zehn Würfelchen und einen seidenen Gürtel, wohl mit Golde durchwirkt und Perlen darauf gestickt, rote und weiße durcheinander, daran meine Mutter ihren Fleiß und all ihre Kunst gewendet hat. Den nehmt, wenn es Euch ernst ist, und laßt den Kauf nun vor sich gehen, denn besseres weiß ich Euch nicht zu geben.« Der Ritter aber sagte: »So kann der Kauf nicht zustande kommen. Ich will weder Gold noch Steine, nur Eure Minne.« »Ich habe aber keine Minne.« »Nun, ich finde sie wohl bei Euch, wenn ich sie nur suchen darf.« »So nehmt sie doch, was wartet Ihr denn? Aber wenn Ihr sie habt, so müßt Ihr mir auch das Häslein geben.« »Wenn jemand hier ist, der uns hörte oder sähe«, sagte er, »so kann ich sie nicht nehmen. Ihr müßt allein dazu sein.« »Meine Mutter und alles Gesinde ist in der Kirche«, erwiderte das Mägdlein, unschuldig wie eine Turteltaube. Da sprang er rasch vom Roß, setzte den Sperber von der Hand und band das Pferd fest. Dann ging er hinein zu ihr in die Laube und gab ihr das Häslein; sie schien ihm so wohlgestalt, mit engelfarbenen Wangen und reiner Stirn, daß Gott selbst sie wohl gern in seinem Himmel geschaut hätte. Als sie ihr Häslein empfangen hatte, bat sie ihn nun selber, zu nehmen, was er begehrte. Da zog er das junge Kind an sich, küßte ihren rosenroten Mund und besiegte sanft ihr kindliches Widerstreben. Und die Heere und Könige und alles, was lebendig im Leben ist, bezwingt, bezwang auch sie: so genoß er ihren süßen Leib, bis sie aus einem Mägdlein ein Weib geworden. Da sie nun aber gedachte, daß es Sommerszeit war: »Sucht, Herr«, sprach sie, »sucht, so viel Ihr wollt, bis Ihr die Minne gefunden habt. Denkt daran, daß Ihr mir das Häslein darum geben müßt!« Da suchte er wacker weiter, ohne daß sie ihn hinderte, dann jedoch dünkte es ihn Fahrenszeit. Da drückte sie ihn lieblich an ihre Brüste, daß er ihr nicht entwiche, ehe er noch einmal die Minne gesucht. Er aber fürchtete, daß längere Säumnis gefährlich werden könnte, und machte sich auf. Da rief sie ihm nochmals nach: »Herr, warum eilt Ihr so? Ihr habt die Minne, sehe ich, ja gar nicht genommen, und wenn Ihr nicht noch einmal umkehrt, so dauert mich wahrlich der Schaden, den Ihr erleidet.« Da ritt der Ritter lachend von dannen.

Indessen hatte ihre Mutter die Messe gehört und war wieder nach Hause gekommen. Als die Tochter sie sah, lief sie ihr entgegen und rief: »Sieh, liebe Mutter, lug, feins Mütterlein, was ich da für ein hübsches Häslein habe.« »Ei«, antwortete diese, »wer hat dir denn das reizende Tierlein gegeben?« Da erzählte sie ihr genau alles, wie sie den Hasen gekauft habe. Aber da wurde ihr nicht übel ihr gelbes Haar zerrauft, die Mutter zwickte und zwackte sie wütend in ihre lichten Wangen, so daß sie in Sprüngen entfloh, um dem Zorn der Alten zu entgehen. Der Tochter tat der Schaden weh, den sie erlitten hatte, freilich war es ihr mehr um die Schläge, als um den Verlust der Minne zu tun: daß sie diese um einen Hasen verloren, grämte sie nicht eben sehr. Aber sie dachte, wenn er, der Ritter, wiederkäme, so würde sie sie zurückverlangen und von ihm fordern, ihr wieder so zu tun, wie vordem, damit sie ihre Minne wieder hätte. In diesem Glauben ging sie jeden Tag in die Laube und wartete.

Und wirklich: drei Tage danach kam der Ritter wieder vorbeigeritten. Kaum, daß sie seiner ansichtig wurde, so rief sie ihm schon laut entgegen: »Herr, gebt mir meine Minne heraus! Ich habe gar ein jämmerlich Leben seither von meiner Mutter gehabt! Seht, wie sie mir die Haare zerrauft hat, ich glaube, ich habe keinen guten Kauf mit dem Häslein getan. Nehmt es zurück und gebt mir meine Minne wieder und laßt uns den ganzen Handel rückgängig machen!« »Wenn Ihr glaubt«, entgegnete er, »so sollt Ihr die Minne wieder haben, vorausgesetzt, Ihr seid allein zu Hause.« Da lief die Schöne hinein und brachte das Häslein mit sich heraus. »Herr, da ich allein zu Hause bin«, sagte sie, »so nehmt Euren Hasen wieder und gebt mir, was mein ist.« Da ließ er sich nicht lange bitten und erfüllte ihren Wunsch, er würde es auch getan haben, wenn sie nicht erst darum gebeten hätte. So geschah denn hier das Wunder, daß sie aus einem Weibe wieder ein Mägdlein wurde, indem sie alles zurückbekam, was ihr genommen worden. Als sie nun ihr viel liebes Häslein auf seinem Arme sah, blickte sie traurig darauf hin, da gab er ihr's noch zu der Minne und ließ es ihr als reinen Gewinn. »Hei«, dachte sie, »das hab' ich gut gemacht, der ist nun schön betrogen!« und freute sich ihrer Klugheit.

Bald nachdem der Ritter von dannen gesprengt war, kam auch ihre Mutter nach Hause. Da verbarg sie nichts und lief ihr freudig entgegen: »Nun, Mutter«, rief sie, »kann es noch gut mit mir werden, denn der Ritter war hier und hat mir meine Minne wiedergegeben, dazu auch noch den Hasen, der mir nun zum Vorteil bleibt.« »O weh über solches Glück«, jammerte die Mutter und ergriff sie am Haar, »so wahr ich deine Mutter bin, nun ist dein Magdtum und deine Ehre dahin! O weh, hätte ich dich doch besser in acht genommen, so wäre mir nicht solches Leid widerfahren, darein mein Herz nun bis zum Tode begraben sein wird.« »Ach, liebe Mutter, sei doch froh«, sagte das einfältige Kind, »geschehen ist nun geschehen, man soll sich stets des Besten versehn.« Des Kindes Trost rührte die Alte: »Noch kann ich an dir manchen lieben Tag und rechtes Glück erleben«, sprach sie, vielleicht kommt noch einmal Freude hinterher. Laß ab von Weinen, setze stolz deinen jungfräulichen Kopfschmuck auf, schweige und zeige dich fröhlich vor den Leuten! So kann uns noch ein Wunder widerfahren.«

Danach über ein Jahr wurde dem Ritter eine Jungfrau öffentlich anverlobt, die war schön und klug, reich und aus einem weitverzweigtem Hause und trug stolz den Kopfschmuck, der das Zeichen und Recht des Magdtums ist. Er versah sich nur des Besten und machte sich keine Sorgen wegen der hohen Ausgaben: Frauen und Herren, alle, die er kannte, ließ er rings im Land zu seiner Hochzeit laden. Da gedachte er auch des Häsleins und jenes lieben Kindes, mit dem er das Abenteuer und den seltsamen Kauf erlebt: sein edles Herz ließ es sich nicht nehmen, sie mußte auch zu der Hochzeit kommen: sein Jungfräulein und ihr Häslein, wie hätte er die wohl zu Hause lassen mögen! So ritt er denn dahin, wo ihm so Liebes geschehen war. Die Jungfrau sah ihn zuerst, den Liebsten, dem sie immer noch innig zugetan war, und sprach: »Liebe Mutter, lug, der ist's, der mir die Minne genommen hat.« Die Mutter erschrak heftig: »Ach, Kind, woran erinnerst du mich«, sagte sie, aber da kam er schon herangesprengt und bat sie, sie möge um seinetwillen zu seinem Ehrentage kommen und auch die Jungfrau und das Häslein mitbringen. »O weh meiner Ehre«, dachte die Alte. »Soll ich zu dessen Hochzeit gehen, der meine Tochter zur Kebse gefreit hat, wahrlich, da hab' ich geringe Freude dran! Sollte doch nach Billigkeit mein Kind dort an seiner Seite sitzen!« Aber da sie fürchtete, er würde die Geschichte sonst ausplaudern, gab sie sich darein und sagte zu. »Gerne, Herr«, sprach sie, »ich freue mich Eures Ehrentags, wir werden beide gerne kommen.« »Habt Gnade und Dank« erwiderte er, »glaube mir, nie werde ich der Tugend Eures Töchterleins vergessen.«

Als nun der Tag der Hochzeit gekommen war und die Braut kosend zur Seite des Ritters saß, während rings Schall und Lärm des Festes ertönte, da kam recht wie ein Wunder auch das Kind mit seinem Häslein dahergeritten und trug das hübsche Tierlein arglos auf seinem Arm. Der Ritter, der sich wohl erinnerte, wie er den Hasen verkauft, das Mägdlein an den Haaren gezogen worden und darauf der Wechselkauf geschehen war, mußte laut lachen, als er den lieblichen Aufzug sah, und lachte so sehr, daß jeder ihn fragte, weshalb er so vergnügt sei? Nun hielt er sich aber zurück, denn er mochte das Geheimnis um des Mägdleins willen nicht gern verraten. Da jedoch begann ihn das Fräulein, die sein Weib werden sollte, mit Fragen zu quälen, um wessentwillen er so herzlich gelacht habe. Er bat sie, ihn der Antwort zu entheben. Aber der Vorwitz reizte sie noch mehr, so daß ihre Bitten immer dringlicher wurden: sie wollte wissen, woher diese Lustigkeit? Er sträubte sich, da sprach sie erbittert: »Ihr sagt mir, um was es sich handelt oder bei Gott, Ihr gewinnt kein gutes Weib an mir und keine schönen Tage.« Das bezwang ihn und so erzählte er ihr denn von der Hasenfahrt, wie das Tier im Korn erschlichen, verkauft, zurückgekauft und verschenkt ward. »Ei, beim heiligen Grabe«, rief da die Braut, »das war mir eine rechte Törin! Wäre sie so klug gewesen wie ich, sie hätt' es, weiß Gott, nicht ihrer Mutter gesagt. Welch eine Dummheit! Mir hat unser Kapellan wohl hundertmal das Gleiche getan und wär' mir, weiß Gott, noch heute leid, würd' es meiner Mutter erzählt.« Als der Ritter dies vernahm, fuhr ihm ein Schreck zum Herzen, er entfärbte sich so sehr, daß er sich kaum aufrecht halten konnte, und dachte: »Steht es so, so wird mein Brautlauf noch anders vollbracht, als ich gemeint habe.« Da duldete es ihn nicht länger, zornig sprang er auf, lief zu dem Kinde mit dem Häslein hin und hieß es neben sich sitzen, das er kurz zuvor noch mit Spotte empfangen. Die Gäste drängten verwundert herzu, er aber erzählte stehend vom erhöhten Sitz, daß alle drunten im Saale es vernehmen konnten, wie es ihm ergangen war: wie er des Mägdleins Liebe gekauft, wie er ihre Minne von dannen geführt und sie ihr zurückgegeben habe. Dann schilderte er die Braut und wie es um sie und ihren Kaplan beschaffen war.

Als er zu Ende gesprochen, bat er seine Freunde, sie möchten ihm um ihrer Liebe willen sagen, welche von den zweien ihnen besser gefiele, daß er sie zu seinem Weibe mache. Da rieten sie ihm alle wie aus einem Munde, daß er die junge Magd mit dem Häslein heiraten müsse, wenn er Billigkeit und Ehre recht bedenke. Da wartete er nicht länger und ließ sie sich durch den Pfaffen antrauen. Die andere aber wurde wieder heimgesandt zu ihrem Kapellan.

Aristoteles und Phillis

In Griechenland herrschte einst ein stolzer König, mit Namen Philippus. Von dem berichtet die Märe mancherlei, wie er sein Leben lang gewaltig, milde und ritterlich gewesen, und an Leib, Mut und edlem Gehaben alle andern Könige der Erde übertroffen. Sein Weib, die Königin, aber war so schön, daß jeglicher, der sie sah, aus welchem Lande immer er kommen mochte, ihr den Preis unter allen Frauen zugestand. Denn sie war eine Blume reiner Weibheit, ein Edelstein an vollkommener Tugend und lauter wie das Glas eines Spiegels. Dem König nun und der Königin verlieh Gott ein Söhnlein, das darnach alle Länder bezwang. Sie gaben ihm den Namen Alexander. Keiner von dem Geschlechte, das heute lebt, erhob sich je so hoch, wie Herr Alexander später in seiner Zeit, denn ihm mangelte keine von den Tugenden, die an hoher Könige Söhnen Herz und Auge erfreuen. Als nun die Zeit gekommen war, daß der Knabe zur Schule gehen sollte, um an Wissen und edler Zucht zu gewinnen, bestellte ihm der König einen weisen Mann zum Lehrmeister, der hieß Aristoteles und war schon ganz grau von Alter. Der König bat ihn, seinen Sohn zu belehren, und da Aristoteles zusagte und beteuerte, er wolle ihm aller Länder und Zeiten Weisheit beibringen, daß er dereinst vor der Welt Ehre davon gewönne, versprach ihm der König, ihn des zum Lohne gar reich an Gütern zu machen. Vor dem Palaste stand inmitten eines schönen Baumgartens ein reich erbautes Haus. »Dies«, sprach der König zu dem Meister, »soll Euer sein und des Knaben, sowie des Ingesindes, soviel Ihr dessen bedürft.« Da ward nicht länger gezögert, der Meister nahm den jungen Prinzen und lehrte ihn die Buchstaben, wie sie stehen: A B C D E. Und obwohl ihm dies anfangs wehe tat, wie es den Knaben wohl noch heute ergeht, wenn einer Schule strenge Haft plötzlich ihre Wildheit zügelt, so empfing der Jüngling doch nach Kräften mancherlei Kunst und Wissen von dem Meister. Denn er war voll Wißbegier und so gelehrig und verständig, daß man wohl in keinem Lande je so klugen Knaben hätte finden mögen. Doch wurde er leider bald des Wissens, das er gewonnen, und aller Sinne beraubt: denn die Liebe nahm ihn rasch in ihre strenge Zucht.

Die Königin nämlich hatte eine Magd, die war von solcher Schönheit an Gestalt und Antlitz, daß kein Mann der Herrlichkeit ihres Anblicks sich hätte erwehren können. Sie war aus einem edlen Geschlechte und eine Wonne allen Augen, die sie sahen, ihr Name aber war Phillis. Gegen diese entbrannte Alexander in heftiger Liebesglut: sein Gemüt geriet in tiefe Verwirrung, keinem Gedanken mehr hing er nach, als wie seiner Sorgen Bürde möchte geringert werden. Um sein Lernen war es geschehen, er tat nichts mehr den ganzen Tag, als nach der Jungfrau ausspähen, und versank sogleich in große Traurigkeit, wenn er ihrer nicht ansichtig wurde. Wo er stand und saß, war stets die reine gute Phillis in seinem Sinne und er wußte nicht mehr, was er lassen, was beginnen solle. Dies währte so lang, bis er sich ihr, langsam mehr und mehr, durch heimliche Zeichen entdecken konnte: Da gewannen sie Mut und weil sie womöglich noch heftiger bezwungen ward denn er, begannen sie eins nach dem andern zu brennen. Als sie nun inne geworden, wie heftig er nach ihr tobte, versprach sie ihm, da er sie mit den innigsten Bitten darum bestürmte, an eine gewisse Stelle in den Baumgarten zu kommen, dort wolle sie seiner warten. Die Stunde kam, da ward unter den zweien Herzlieben Innigkeit und Treue. Immer wieder pflogen sie der süßesten Ruh und freudvoller Minne, und so oft geschah dies, als sie des nur Gelegenheit erhaschen mochten. Der Meister aber, der erkannte, daß er der Herrschaft über den Knaben verlustig ging, wurde des Grundes bald inne und befand die Wahrheit wohl. Er zürnte und schalt den Jüngling auf das heftigste mit Worten, schonte selbst der Schläge nicht und bewachte ihn zu allen Stunden des Tages, so strenge er nur vermochte. Doch half dies alles nicht ein Haar: er mochte kommen, wann immer er wollte, ob frühe oder spät, stets schlich Alexander hinter der Liebsten her oder waltete gar süßer Ruhe mit ihr. Denn die beiden Liebenden vermochte keine Fessel zu halten: in vollkommenen Freuden der Liebe schwebten sie, hoch wie der Adler in den glänzenden Lüften.

Darob erboste sich der Meister sehr, trat vor den König und erzählte ihm auf das genaueste alles, was sich zugetragen. Da ergrimmte der König, ließ das Fräulein vor sich rufen und schalt sie mit bitteren Worten. »O Herr«, entgegnete sie, »was Euch berichtet worden, dabei ist nichts von Sünde. Meine Herrin kennt meine Sittsamkeit und zweifelt gewißlich nicht, daß ich sie immerdar rein bewahren werde.« Und schwur da so manchen Eid, ihre Unschuld zu beteuern, so daß die Königin sich ins Mittel legte und den König begütigte. Seither aber geriet Alexanders und Phillis' Liebe ins Ungewisse: Der Schönen Leib nahm an Kräften ab und alle Freude war ihr in Unmut und Trauer verwandelt. Denn nun konnte man der Beiden nirgends mehr gewahr werden, daß nicht Hüter und Wächter um sie gewesen wären: vergeblich sehnte sie sich, zu dem Freunde zu gelangen, um den Willen ihres wunden Herzens an ihm zu befriedigen. Alexander aber saß in der Schule zornig und brummend wie ein Bär, rückte hierhin, rückte dorthin und gedachte seines Liebeskummers, von dem er ganz und gar besessen war. Indessen geriet Phillis stets heftiger in eine wilde Unruhe: ihr Wesen veränderte sich von Grund aus, ein wenig zu stürmisch wohl hatte die gewaltige Minne sich ihrer bemächtigt und sie um ihres Maßes bestes Teil betrogen. Genug, sie lauerte insgeheim nur auf den Augenblick, da sie ihre Liebe an dem alten, grauhaarigen Meister weidlich würde rächen können.

Nun höret, wie es damit erging: Phillis, die lichte Sonne, begab sich heimlich in eine Kemenate, nahm daselbst ein seiden Gewändlein zur Hand und legte es an ihren zarten Leib. Der Pelz, der unten die Schleppe säumte, war auch nicht eben schlechter Art und gab, da er vom lautersten Hermelin gemacht war, gar einen blanken Schein um sie. Darauf setzte sie einen Reif von Golde auf ihr Haupt: der war schmal, wie er sein sollte, mit hohem Sinne gefertigt. Da lagen Edelsteine darin, zwischen dem andern Gesteine, nicht zu große und dennoch strahlende, das Beste, was es von dieser Art im Lande gab, Smaragde, Jachande, Saffire und Kalzedone, so daß es schien, als habe niemals eines Werkmannes Weisheit Steine edler und zierlicher zu legen verstanden. Als nun die Schöne wohl geschmückt war, nahm sie einen hellen Spiegel, beschaute sich mit großem Fleiß um und um, und prüfte, ob nicht etwa da oder dort ein Ding noch Besserung erheische. Dann ging sie hinunter, wo der Garten war, vor den Palast: sie ging barfüßig, mit ganz entblößten Füßen, ihre Beine waren weißer denn der Schnee und schlank und blank wie eine Kerze und netzten sich in dem Tau des Grases. Zu einem klaren, rieselnden Quell, der da sprang, ging sie hin mit fröhlichen Schritten: ihr Gang aber war gemessen, weder zu kurz, noch zu lang, gerade von rechtem Maße. Sie wandelte aufrecht an Gestalt und so stolz und frei, wie der Sperber ist, bunt geputzt gleich einem Papagei, und ließ ihre Augen wacker hin und wieder schweifen recht wie der Falke auf dem Aste, nicht eben zu verwegen, doch auch nicht gar zu leise, auf eine gar liebliche und berückende Art. Während sie nun so dahinging und sich auf diese befremdliche Weise gebärdete, lüpfte sie im Schreiten ihr Gewandlein noch höher als bis zu den Knieen, um die Blumen darein zu werfen, die sie im Gehen las. Dies alles aber tat sie, um den alten Mann, der ihr den Liebsten genommen, recht von Herzen zu betören und zu betrügen. Ja, dies war die einzige Ursach, daß die Liebliche so, spielend und leichter denn ein Wind, durch das Gras zu dem Bronnen lief.

Und wirklich wurde dessen der alte Meister durch ein Fensterlein gewahr, wie sie unter den Blüten spielte und spähend, ob er ihrer nicht bald ansichtig würde, hin und widerschlich, blickte hinaus und sah alles, wie sie sich geberdete. Dies dünkte ihn gar wunderbar: »Hei«, dachte er, »wie fein und lieblich, welch zarte Kreatur ist doch dies minnigliche Weib! O selig der Mann, der seinen Leib an ihrer Seite dürfte altern lassen!« Und stieß ihn eine Kälte an und gleich darnach eine jähe Hitze. Die Süße, Reine aber kam daher unter der grünen Linde vor des Meisters Fensterlein, warf ihm Blumen hinein, mehr denn eine Hand voll, und sprach: »Ach, Meister, ich gönnte Euch wohl, Ihr hättet Glück und Ehren mancherlei. Könnt' ich Euch Freude und Kurzweil vermehren, darum lief ich gern eine Meile weit, und wäre ich noch so krank.« » *Grand merci*«, erwiderte der Meister. »O holdseliges, süßes Kind, in Euch sind alle Schönheiten der Welt versammelt. Jungfräulein, erbarmt Euch über mich Armen und wollet hereintreten zu mir. Außer Euch ist niemand hier innen.« Da zögerte Phillis nicht, ging zu ihm hinein und setzte sich, nie vergessend, zu welchem Zwecke sie dies alles unternommen und wie sie ihm Schande bereite, kosend neben ihn. »Ach«, sagte er, »wie bin ich doch gänzlich allen Wissens und Verstandes beraubt! Durchfahren habe ich manches Land, doch solch lieblich Kind wie Dich habe ich niemals gesehen. Wenn Du mir Deine Huld gewährst, so will ich des Goldes nicht schonen, auch aus meinem Schatzkästlein sollst Du Dir nehmen dürfen, was und wie viel Du nur willst.« »Ei der frechen Rede«, erwiderte sie, »was mutet Ihr mir zu, Meister?« »Ich wollte, Du ließest mich eine Nacht bei Dir schlafen«, flehte der Alte. Sie aber antwortete: »Seid Ihr denn ganz von Sinnen? Meister, wie sollt' ich denn dieses tun? Dies hieße gleich einer Törin handeln, wollt' ich so leichten Kaufs meinen

Kranz verlieren.« Sie hatte aber wohl bemerkt, daß er gänzlich an ihr zum Narren geworden. Da sie nun einen Sattel bei der Wand lehnen sah, sprach sie also: »Wenn ich Euch die Wahrheit sagen soll, umsonst mag ich dies Ding nicht tun. Doch laßt mich den Sattel dort auf Euren Rücken legen und Euch einen Zaum in den Mund tun, dazu mir mein seiden Gürtlein dienen soll, so will ich machen, was Euch lieb ist. Aber sogleich muß dies geschehen, denn Ihr müßt mich auf Euch reiten lassen, drunten in dem Baumgarten, dort wird keines Menschen Auge uns erblicken.« »Doch fürchte ich, auf meinem Leibe wird nicht gut reiten sein«, wandte er ein. »Ich will Euch schon gar lieblich als ein Pferd aufzäumen«, entgegnete Phillis, »dafür will ich Euch aber auch lieb haben, wie Ihr's begehrt.«

Nun höret wunderliche List von einem Weibe, der es freilich nicht an Mut noch an Holdseligkeit gebrach. Der grauhaarige, alte Gauch, von der gewaltigen Minne wieder zu einem Kinde gemacht, gab sich darein, alles zu tun, was das Fräulein ihm gebiete, wenn sie ihm darum nur zu eigen sein wolle, und ließ sich denn auch sogleich auf Knie und Hände nieder. Phillis, nicht faul, ergriff den Sattel, legte ihn fein sauber auf seinen Rücken, tat ihren seidenen Gürtel auf und machte ihm daraus einen Zaum an den Mund. Dann brach sie von einem Rosenstrauch einen blühenden Zweig, nahm den Zaum in die Hand, saß auf und ritt den Helden gar lieblich, indem sie in einem süßen Tone ein zärtliches Minnelied zu singen begann. Ei, da säumte sich der Alte nit, kroch auf allen Vieren, was er konnte, und bewegte sich gegen den Baumgarten, auf dem Rücken stets den zarten, süßen Leib des schönen, listigen Weibes.

Die Königin, die mit einigen ihrer Jungfrauen gerade auf der Zinne des Palastes weilte, wunderte sich nicht wenig, als sie ihr Fräulein auf so seltsame Weise daherreiten sah, und es entstand darob ein großes Gelächter auf der Zinne. Phillis aber, als sie bis ans Ziel geritten war, sprang fröhlich ab und rief: »Du alter Gauch, nun wirst Du wohl von Deinen Tücken lassen, daß Du mir Liebe und Ehre genommen hast. Deine hundert Jahre sind nun auf das herrlichste zu sieben worden; daß Du zum Teufel fahren möchtest!« und lief lachend durch das Gras in den Palast. Diese große Unbill scholl bis in den Hof und in den Saal, vor den König, der daselbst mit all den Seinen zu Tische saß. Aber schon eine Woche darnach nahm der Meister seine Bücher und Kleider, sein Gold, Silber und all seine

Habe und schickte sie heimlich bei Nacht auf ein Schifflein hinunter, auf dem er noch desselbigen Tages von dannen fuhr, das Wasser zu Tal, das durch die Gegend floß. Denn er mochte hier nicht länger verweilen, ob all dem Schimpf und Spott und dem gewaltigen Unglimpf, den sie droben auf dem Saale hatten. Er kam in eine Stadt auf einer Insel, die hieß Galicia, blieb daselbst und schrieb darnach ein dickes, gelehrtes Buch, worin er beschrieb, welch wunderbarer Listen das Weib sich bediene, wie seine Schönheit und Untreu Manchem schon das Herz versehrt, und der sich an sie kehre, gefangen würde gleich dem Fische an der Angel oder dem Vogel in dem Stricke. Denn wider Weibes Listen vermag nichts zu helfen, als daß ein jeglicher kluge Mann, will er sich vor Gefahr und Nöten bewahren, ihre Gesellschaft meide und vor ihnen fliehe, so weit er kann.

Das Schneekind

Es war einmal ein Kaufmann, der hatte ein Weib, das er mehr liebte als sein eigenes Leben. Sie beteuerte ihm das Gleiche, aber ihre Worte waren falsch und wider die Wahrheit. Eines Tages nun trug es sich zu, daß er nicht länger zu Hause bleiben wollte und nach Sitte der Kaufleute, um Handel zu treiben, in die Ferne fuhr. Er schiffte weit über das Meer, bis er in ein fremdes Land kam, wo er günstig kaufte und verkaufte. So blieb er drei Jahre von Hause fort, bis das vierte ein Ende nahm. Da empfing ihn sein Weib mit vieler Liebe. Ein Kindlein ging an ihrer Hand. Er fragte sie, wem das Kind gehöre? »Herr«, sprach sie, »einmal, als ich Sehnsucht nach dir empfand, ging ich hinaus in mein Gärtlein. Da warf ich ein klein wenig des Schnees, der dort lag, in den Mund, davon kam deine Liebe über mich und ich gebar dieses Kindlein.« »Das kann wahr sein«, entgegnete er, »wir wollen es aufziehen«, und ließ sich nichts merken. Er lehrte das Kind mit Habichten und Hunden jagen, in Züchten reden und schweigen, Schach- und Federspiel, Harfen, Geigen und die Kunst der mannigfachsten Instrumente und viel andere edle und schöne Dinge.

Danach über zehn Jahre gebot er seinen Knechten, die Schiffe zu rüsten und wohl mit Speisen zu versehen. Das Schneekind nahm er mit und fuhr hinaus auf das wilde Meer. Die Wogen verschlugen ihn, bis er in ein schönes Land kam, wo er einen reichen Kaufmann fand. Der fragte, was er zum Verkauf mitgebracht habe? Da ließ er das Schneekind vor ihn bringen und verhandelte es ihm für dreihundert Mark. Dann fuhr er freudig wieder nach Hause.

Seine Hausfrau ging ihm entgegen und empfing ihn auf das herzlichste. »Wo ist das Kind?« fragte sie. »Denke dir«, entgegnete er, »der Wind schlug uns weidlich hin und her, als wir auf dem wilden Meere waren. Da wurde das Kind naß und zerschmolz zu Wasser, da es nun einmal vom Schnee gekommen ist. Aber tröste dich, kein Wasser fließt so schnell, innerhalb Jahresfrist kehrt es doch zu dem Ursprung zurück, woher es gekommen ist. So wird auch dieses bald wieder zu dir zurückfließen, das magst Du mir glauben.«

So rächte der Mann den Betrug, der ihm angetan worden.

Der Schlegel

(Rüdiger der Hunthover)

Es war einmal ein reicher Kaufmann, der seine drei Söhne und zwei Töchter schon zu seinen Lebzeiten mit so großem Gute ausstattete, daß ihnen nichts fehlte und sie ehrenvoll davon zu leben vermochten. Da kam der Tod mit seiner Kraft und nahm ihm sein braves Weib, so daß ihn, allein geblieben, seines Lebens verdroß. »Ich will meine Habe ganz unter meine Kinder verteilen«, dachte er, »und ohne Hausfrau allein mit ihnen leben. Denn ich bin ein alter Mann und meine Tage sind gezählt. Ich werde meine Kinder kommen lassen und ihnen meinen Vorsatz mitteilen. Was soll mir Ehre und Gut? Muß ich doch bald sterben und stehe schon mit einem Fuße im Grabe.«

Rasch berief er nun seine Kinder zu sich und verbarg ihnen nichts von dem, was er sich vorgenommen hatte. »Liebe Kinder«, sagte er, »laßt Eure kindliche Liebe an mir offenbar werden und helfet mir, daß ich mit Ehren in mein Grab kommen mag. Seht, ich muß mich auf meinen Stab stützen, wenn ich gehe, und Haus mag ich kein eigenes mehr führen. So will ich denn mein ganzes Gut Euch geben. Denn wenn ich nun ein Weib nähme, das ziemte mir nicht bei meinen alten Tagen, und würde vielleicht auch Euch bekümmern. Ich will als ein Witwer leben um der Sünden willen, die ich begangen habe. So beginnt es denn, Kinder, und seht zu, daß Ihr's mit Ehren endet, wie es Euch Euer Gewissen befiehlt.« Da sprach der älteste Sohn: »Lieber Vater, es ist billig, daß ich Euch bei mir bewirte und Euch alle kindliche Ehrfurcht erweise.« Er nahm ihn bei der Hand, führte ihn in sein Haus und pflegte seiner auf das beste. So verlebten sie die Zeit in eitel Freuden, bis sieben Wochen ins Land gegangen waren. Da sprach der Sohn: »Mein Herr Vater, folge meinem Rat! Mein Bruder möchte es vielleicht für übel nehmen, daß du so lange bei mir bist. Geh und verkürze dir die Zeit nun auch bei ihm, deine Schwiegertochter sieht dich gern, und wenn du eine Weile da gewesen, so komm und bleibe wieder bei mir.« »Es sei«, entgegnete der Alte, »dein Bruder möchte sonst vielleicht glauben, daß ich ihn verschmähe«, nahm Abschied und klopfte bei dem zweiten Sohne an.

Rasch wurde ihm geöffnet, Sohn und Schwiegertochter liefen ihm geschäftig entgegen und hießen ihn willkommen. Sie ließen ihm ein prächtiges Ruhebett mit Polstern und Daunen bereiten, pflegten ihn mit Ehren und warteten seiner bei Tisch, im Bette, dort und hier, wo er saß, lag oder ging. Als der Sohn ihn so vierzig Tage bei sich behalten hatte, sagte er zu ihm: »Liebes Väterchen, nun sollst du aber auch zu meinem jüngsten Bruder gehen, damit du siehst, wie er haushält und ob er zunimmt an Tugend und Ehren. Und wenn du einige Zeit da gewesen, so komm und bleibe wieder bei mir. Deine Zehrung will ich dir gerne auch fürderhin geben.« »Ich will es tun«, erwiderte der Alte, »und nun auch meinen jüngsten Sohn und seine liebe Hausfrau heimsuchen«, und nahm abermals Abschied.

Als er zu dem dritten Sohne kam, rührte er den Ring an der Tür. Drinnen erfuhr man bald, wer pochte. Der Sohn saß gerade beim Brettspiel, schlug es zusammen und lief dem Alten entgegen. Da wurden ihm prächtige Teppiche gelegt, gute Speisen, klarer Wein und was sonst Köstliches im Hause war, aufgetragen und auf diese Weise so lange mit dem Vater verfahren, bis sechs Wochen vorüber waren. Da sagte der Sohn: »Wende dich nun an meine beiden Schwestern und versuche es auch dort einmal! Doch nur, wenn du mir versprichst, bald wieder zurück zu sein.« »Du hast Recht«, sprach der Alte, »ich will so ein sieben Tage lang auch zu deinen Schwestern gehen und schauen, wie sie es treiben.« Man gab ihm seinen Gefährten in die Hand, das war ein harter Stab, mit dem er sich der Hunde erwehrte, wenn er unterwegs war. So schleppte er sich aus dem Hause und kam bald zu der älteren Tochter.

Dort klopfte er oben an der Wand und wurde sogleich eingelassen. Aber was man ihm auch hier an Ehren bot, als zwei Monate verstrichen waren, erging es ihm nicht anders wie bei seinen übrigen Kindern. Die Schwester habe gestern große Schweine und Rinder geschlachtet, sagte die Tochter, er möge nun zu ihr gehen. »Gott lohne Euch, Kinder«, entgegnete der Alte, »Ihr tut mir wohl, Gott lohne Euch!« Damit begab er sich zu der Jüngsten, die zumal im Vollen saß und Gut und Hausrat die Menge hatte. Sie ließ Teppiche vor die Sitzbänke legen und seidene Tücher über die Wände hängen, gab guten Wein und linde Speise, wohl gemischt, zu allen Mahlzeiten morgens und abends, aber schon nach sieben Tagen mochte sie nicht länger hergeben und schickte ihn fort. Da ward der

Alte traurig und sprach: »Liebe, was soll ich nun?« »Ei, geht zu meinem ältesten Bruder, der hat eben wohl hundert Fuder Rheinweins bekommen, vom besten, der je getrunken ward, und bleibt ein Weilchen auch bei ihm!« Der Alte dachte: »Ich will es tun. Der Tochter hier bin ich ja doch zu viel, vielleicht hat mein Sohn ein besseres Einsehen.« Damit nahm er den Gefährten, der an der Wand lehnte und sein treuer Begleiter auf allen Wegen war, zur Hand, nahm Abschied und schlich von dannen bis an das Tor des ältesten Sohnes.

Vor dem Tore befand sich eine schöne Laube und ein Türlein daneben. Leise rührte er die Klinke und bat, ihn einzulassen. Der Wirt und seine Frau saßen gerade mit Freuden bei Tische und aßen köstlichen Fisch, da hörte der Sohn, sein Vater sei gekommen. Langsam sagte er: »Nun, so laßt ihn ein! Aber schnell ist er wieder da, bei Gott, ich glaubte, er würde mindestens ein Jahr fortbleiben.« Und als der Alte an den Tisch trat, rief er ihm höhnend zu: »Ei, Vater, was hast du nur getrieben, daß du gar so lange fortgewesen bist?« »Ich habe alle meine Kinder heimgesucht«, entgegnete der Alte, »und komme vielleicht ein wenig zu früh. Aber als ich sieben Tage bei meiner jüngsten Tochter gewesen war, sandte sie mich fort, daß ich zu dir gehe. Ich glaube, sie war meiner überdrüssig, so wollt' ich denn nicht länger bleiben.« »Rasch hat sie sich deiner entledigt«, sagte der Sohn. »Aber nun setze dich dort an den Glutherd, ich glaube, dich friert.« Als man ihm nun zu essen brachte, da war sein Silbergeschirr ein Krug und ein schmutziger Becher; verschwunden waren die reichen Mähler, an die er in dem Hause gewöhnt worden war. Der Sohn scherte sich den Satan um ihn, aufgeblasen wie ein gemästeter Pfau, der auf einer Tenne herumstolziert, und eine dicke Kropfhenne, die nicht mehr glucken mag, gingen er und seine Frau den ganzen langen Tag im Hause umher, um sich ein Ansehen zu geben. Den Alten grämte dieses Benehmen, er dachte: »Ich bin hier nicht am rechten Ort. Ich will lieber zu meinem zweiten Sohn hingehen, vielleicht gedenkt dieser besser seiner kindlichen Treue und gibt mir etwas Wein und schönes Brot. Denn ich sterbe noch Hungers hier. Ach, mein Sohn ist hoffärtig gegen mich; o wär' ich nie geboren! Habe ich darum all mein Gut meinen Kindern gegeben, daß ich nun selbst nichts haben soll? Ich bin alt und krank und abgeschabt. Wollte Gott, daß ich begraben wäre!«

Heimlich schlich er sich aus dem Hause: seine Sohlen waren zerrissen, seine Kleider abgetragen, der Mantel an den Ellenbogen durch- und durchgeschlissen, und niemand da, der ihm aus Erbarmen einen neuen geschenkt hätte. So ging der Arme, in sich gekrümmt, dahin, bis er zum andern Male zu dem zweiten Sohne kam. »Daß Gott dir lohnen möge«, sprach er, als er zu ihm in den Saal getreten war, »mir sind die Glieder erstarrt, laß mich an deinem Ofen sitzen! Mein Rock ist zerlumpt und die Schuhe unten durchlöchert.« »So setze dich hin und wärme dich«, sagte der Sohn. Da setzte er sich an den Ofen, man brachte ihm eine Schüssel Kesselkraut und ein Glas mit Bier, und der Sohn sah zu, wie er davon aß. Der Alte vermochte sich kaum mehr aufrecht zu erhalten, nur lose noch haftete die Seele an seinem Leib, denn er war solch elender Speise ungewohnt. Aber auch die Schwiegertochter tat nicht anders wie der Sohn. »O weh mir, weh«, dachte er da, »es wird mir übel ergehen! Die Beiden sitzen im gleichen Butterfaß.«

Nicht länger duldete es ihn da, er machte sich davon und ging zu dem dritten Sohne. Dort spielten sie gerade das Ringspiel, doch gelang es ihm, wenn auch nur schwer, bis in die neue Stube zu kommen. Als nun aber auch dieser Sohn, der ihm gleich ins Gesicht sagte, er habe schon davon gehört, daß seine älteren Brüder dem Vater nichts mehr geben wollten, ihn auf die Ofenbank niedersitzen und ihm ein elendes Gericht vorsetzen ließ, gedachte er mit Bitterkeit, was er getan, und daß er bei all seinem früheren Reichtum sich nun im Alter nicht einmal eine Labung kaufen könne. »Weh!« sagte er bei sich selbst, »verschmäht von den eigenen Kindern, bin ich allen Geschöpfen der Erde eine Last und ein Überdruß!« Da er, bald wieder weiter wandernd, zu der älteren Tochter kam, entkräftet von Leid und Hunger, tat sie, als habe sie ihn nie gesehen. Er möge, sagte sie, wenn er so gebrechlich sei, zu seinen Söhnen gehen, denen habe er bei seinen Lebzeiten Geldes genug gegeben: »Sind nun die Weiber nicht anders geartet wie die Männer«, dachte er, »so habe ich keine Kinder mehr.« Man brachte ihm ein Bohnenmus und einen Löffel, er setzte sich, aß und schleppte sich weiter, auf seinen treuen Stab gestützt. Die jüngste Tochter hatte sich eben auf ein seidenes Flaumenbett zur Ruhe gelegt, als er hinkam. Da sie ihn so an seinem Stabe, halb ohnmächtig, eintreten sah, grüßte sie ihn unwirsch und rief: »Du gehst ja nackend! Wo ist dein Gewand?«

»Mich hungert«, entgegnete er, »was soll mir da Sorge um ein Gewand.« »So sitz und iß«, sagte sie unfreundlich und hieß ihm Käse und Brot geben. »Wie wunderlich ist doch der Tod, daß er dich nicht von hinnen nimmt! Dein elendes Leben macht uns nur Schande, wie du herumgehst, nichts in dir noch an dir!« Sie ließ ihm noch ein Glas Tropfbier zu dem Käse vorsetzen. Er trank davon und weinte bitterlich.

Nun hatte der redliche Mann vor Zeiten, als er noch vermögend gewesen, einen Freund gehabt, einen Bürger, der über die wilde See zum heiligen Grabe gefahren und ein Jahr und mehr fortgeblieben war. Der kam um diese Zeit wieder in die Stadt zurück, von Weib, Kind und allen Bekannten auf das prächtigste empfangen. Dieser nun stand eines Tages vor der Tür der Pfarrkirche, da kam gerade der Elende vorüber, den Hut tief über die Augen gesenkt. Als der Pilgrim ihn erblickte, erschrak er vor Scham und dachte: »Solltest du es wirklich sein, mein viellieber Gesell? Verhüte Gott, daß du kaum in Jahresfrist so arm geworden wärest!« Er wartete, bis der Alte zurückkam, da faßte er ihn sittsam am Mantel: »Vergebt«, sagte er, »wenn ich falsch gehe, doch wollt' ich Euch gerne fragen: Seid Ihr's, mein Gesell?« Da stürzten dem Alten die Tränen aus den Augen und auch der Pilgrim brach in bitteres Weinen aus: »Was hat dich so arm gemacht«, fragte er, »dein Leiden schmerzt mich, Gesell.« »Nicht hier«, sagte der Greis. »Ich will es dir einmal an besserem Orte erzählen.« »So komm mit mir in mein Haus, laß uns miteinander essen«, erwiderte der Pilgrim. »Ich will der Kameradschaft nicht vergessen, denn wir haben manches Jahr lieblich und in Freuden mitsammen gelebt.« Da ließ er ihn nicht länger stehen, nahm ihn mit sich und führte ihn in sein Haus, ob er mochte oder nicht. Dort erzählte ihm nun der Gast, wie er alles Gut seinen Kindern gegeben und sie ihn nun so elend und bresthaft leben ließen. »Des erbarme sich Gott«, erwiderte der redliche Bürger, »daß uns unsre Kinder mit Haß und Treulosigkeit lohnen, wenn wir ihnen alles, Leib, Leben und Seele, dahingegeben und unsrer überdrüssig werden, sobald es mit uns zur Neige geht und wir ihnen nichts mehr zu geben haben.« Dann setzte er hinzu: »Ich will dir einen Rat geben, wie du, wenn du mir nur folgst, mit Ehren bis an dein Ende leben magst.« Da küßte ihm der Arme die Hände, dankte Gott und versprach, in allem so zu tun, wie er ihm raten würde.

Sofort gab der Freund Auftrag, eine Truhe aus vier gewaltigen Blöcken herzustellen, einen festen Deckel darüber zu machen und sie mit eisernen Spangen um und um zu beschlagen. Das geschah. Die Truhe sah mit ihren eisernen Spangen aus wie gegossen und wurde mit fünf starken Schlössern versehen, dazu fünf kleine Schlüssel von reinster Arbeit mit innerlich hohlen Bolzen hergestellt. Als die Truhe beschlagen und fertig war, wog sie so schwer, daß zwanzig Männer genug an ihr zu tragen hatten. Man brachte sie, leer wie sie war, in ein Gewölbe und setzte sie so dahin, als ob sie schon zehn Jahre da gestanden hätte. Dann sprach der Bürger: »Nimm diesen Schlüssel hier, er wird dir von Nutzen sein. Befestige ihn unter deinem Oberkleid an einem Riemen und laß ihn niemand sehen außer deinen Sohn, doch mußt du tun, als ob es ohne dein Wissen geschähe.« Und gab ihm noch mancherlei Lehre und Rat, wie er sich verhalten solle.

Da ging der Alte unverzagt, wie sein Geselle ihm geraten hatte, hin zu seinem ältesten Sohn und bat, ihm aufzumachen. Man fragte, wer da wäre: »Ich bin es«, entgegnete er, »ich, der alte Landstreicher! Ich äße gern meines Sohnes Brot, mich hungert!« Der Sohn saß gerade mit all seinem Gesinde zu Tische. Der Torwart ging hinein und fragte, der Alte wäre da, ob man ihn hereinlassen solle? »An mir geht er selten vorüber«, sagte der Wirt, »warum schont er meine Brüder? Ich soll wohl entgelten, daß ich der Älteste bin! Nun geh hin und laß ihn herein, mich verdrießt sein ewiges Herumkriechen! Warum wohl der Tod die Gesunden hinmäht und läßt solch einen Siechen mit Ächzen leben?« So wurde der Arme denn eingelassen, ging, wo er früher gesessen hatte, hin zum Ofen und aß. Dabei aber ließ er seine linke Seite sehen, damit der Sohn da beim Ellenbogen des Schlüssels gewahr würde, der an dem Riemen hing. Der Sohn sah oftmals hin: denn der Riß, der durch den Mantel ging, war weit und ließ den Schlüssel mit lichtem Schein hervorblitzen, als ob er von Silber wäre. Als das Gesinde abgegessen hatte und man vom Tische aufstand, so daß niemand mehr in der Stube war, ging der Sohn hin bis an das Ende des Tisches, wo der Alte saß, lehnte sich nahe zu dem Schlüssel herab, ergriff ihn bei dem Riemen und betrachtete ihn mit blitzenden Augen. Der Alte tat, als wäre es ihm leid, daß der Schlüssel entdeckt sei, er zitterte und erschrak und wollte ihn verbergen. »Sei ohne Sorge, lieber Vater«, sagte der Sohn,

»sag, hast du noch irgendwo ein Trühlein verborgen? Nie sah ich einen so schönen Schlüssel und von so reiner Arbeit.« Er rief seinem Knechte, dem schnellen Helmbrecht, einen silbernen Becher mit Maulbeerwein zu bringen: »Der soll dich bald lehren, den Kopf wieder hoch tragen«, sagte er, setzte sich zu dem Vater auf die Bank und hielt ihm den Becher an den Mund. »Trinke fest, lieber Vater, und schone des Bechers nicht, so wirst du wieder gesund! Und sag' mir noch ein klein wenig mehr, wie es sich mit dem Schlüssel verhält?« »Sohn«, entgegnete der Alte, »da du ihn nun einmal gesehen hast, so höre, was ich dir im Geheimen zu sagen habe: Ich bin ein alter Mann, bestimmt, gar bald zu Ruß und Asche zu werden, und wehre mich dessen auch nicht. Was soll mir noch Geld und Gut? Was ich habe, soll nach meinem Tode alles meinen lieben Kindern gehören. Ich besitze noch eine Truhe mit Ersparnissen, die seit langem bei einem meiner Freunde in einem Gewölbe gestanden hat, kaum je von irgend jemand aufgeschlossen, denn der Freund war weit fort in Jerusalem und ist erst jetzt wieder nach Hause gekehrt. Dies nun ist einer von den fünf Schlüsseln, die alle zugleich nötig sind, die fünf Schlösser der Truhe aufzusperren. Nach meinem Ableben aber soll Jedes von Euch Kindern einen Schlüssel haben, dann mögt Ihr den Schrein gemeinsam öffnen.« Da hieß der Sohn sofort seine Leute springen, und ihm seinen Fuchspelz, seinen kostbaren Marderhut und einen guten Mantel bringen. »Das«, sagte er, »lege an, lieber Vater, und wirf das alte Zeug von dir, denn du erbarmst mich sehr. Komm, laß uns ins Bad gehen, ich will dich gerne begleiten.« »Nein, Sohn«, entgegnete der Alte, »laß das Gewand wieder wegtragen! Wem so wie mir der Tod im Nacken sitzt, der hat sich längst aller Pracht und Hoffart begeben. Auch hatte ich wohl ein halbes Jahr kein Bad mehr und war mir nie weder so warm noch so kalt, daß ich Behagen daran gehabt hätte.« »Ei, Vater«, sagte der Sohn, »sprich mir nicht von dem! Aber das muß ich dir sagen: Zur Ehre eben gereicht's uns nicht, wenn man dich so herumgehen sieht.« Er zog ihm den alten Hut ab, desgleichen Mantel, Rock, Hemde, Schuhe und Unterkleid, legte ihm sein eigenes Gewand an, führte ihn zum Bade und ließ ihn dort auf das herrlichste waschen und pflegen. »Gott lohne dir Treue und Rat, mein lieber Gesell«, dachte der Alte. Aus dem Bade führte man ihn zu einem reichen Ruhebett, das mit Samt und allerlei Pelz- und Buntwerk überkleidet war, und ließ ihn ruhen. Das stärkte ihn bald, denn man pflegte seiner auch mit den auserlesensten Speisen so ehrenvoll, wie es einem Altherrn geziemt.

Am dritten Tage danach, als das Hochamt gesungen wurde und die Leute sich vor der Kirche drängten, wollten auch die Söhne des Alten zum Gottesdienste gehen. Da sahen sie dort ihren Vater stehen, in einem Kleide von herrlichstem Pelz. Der Jüngste erkannte ihn kaum, so hell strahlten dem Alten die Augen. »Guck«, sagte er zu dem zweiten Bruder, »da steht ja unser Vater! Was Teufel kann ihn nur so verändert haben? Sicherlich hat er ein erkleckliches Sümmchen Geld bei Seite gebracht, als er sein Gut an uns verteilte. Sieh nur, wie prächtig er da steht in seinem Marderhut!« »Ich denke mir etwas ganz andres dabei«, erwiderte der zweite. »Siehst du denn nicht, daß das unseres Bruders Kleid ist, das neue von Fuchspelz, was er da auf dem Leibe trägt?« »Wahrhaftig, du hast Recht.« »Nun, umsonst wird er's ihm nicht gegeben haben. Aber uns soll das nicht verdrießen, wir gehen hin und fragen geradezu, was denn das zu bedeuten habe?« Sie gingen sofort an die Stelle, wo der Vater soeben sein Gebet sprach, und boten ihm einen guten Morgen. Er dankte und nickte ihnen zu. Da stellten sie sich neben ihn, bis der Segen gegeben und das Amt zu Ende war. Als nun aber die Leute hinausdrängten und heim zum Essen eilten, hielten ihn die Söhne am Mantel fest: »Du sollst wieder heim zu uns kommen, lieber Vater«, sprachen sie, »wir sind doch, weiß Gott, ebenso gut deine Kinder wie unser ältester Bruder«. Er mußte mit ihnen gehen, ob er nun mochte oder nicht, die Söhne aber begannen miteinander zu streiten, zu welchem von Beiden der Vater nun kommen solle. »Zu mir!« sagte der eine. »Nein, zu mir!« entgegnete der andere. Da entschied denn der Vater, er wolle heute zu dem einen und morgen zu dem andern gehen, und so geschah es auch. Als man nun aber im Hause des Älteren den Vater wohl bewirtet und abgegessen hatte, traf es sich, Gott weiß, wie, daß der Sohn des Schlüssels gewahr wurde, zu dem der Alte außer dem Riemen noch eine hübsche Kette hatte schmieden lassen, damit er ihm nicht gestohlen würde. »Ei, ist der Schlüssel dein?« fragte der Sohn. »Allerdings«, erwiderte der Alte. »Ach, so mag ich es nicht länger verhehlen: Du hast sicher das Trühlein, zu dem er gehört, zu meinem ältesten Bruder getragen, und der will es nun für sich behalten. Du mochtest ja immer nur in sein Haus gehen und niemals zu mir! Nun, er weiß gar wohl, wie man die Karre zu fahren hat, und schenkt dir jetzt sein altes Gewand, nachdem er dich ein volles Jahr hat zu Tode frieren lassen! Aber er soll uns auch einen Brosamen davon abgeben, davor wird ihn weder List noch Heimlichkeit bewahren.«

Der Sohn war rot vor Zorn, als er dieses sprach, der Alte aber erwiderte: »Du irrst, und bist mir nicht minder lieb als dein Bruder«, und erzählte ihm mit ausführlichen Worten alles, wie es gekommen sei: daß er, gab er vor, noch eine Truhe besitze, die ihm schon von seinem Vater vererbt worden, und sich fünf solche Schlüssel dazu von einem Schmiede habe machen lassen, der nun auch längst verstorben sei, auch wie sein ältester Sohn den Schlüssel entdeckt und was es mit den Kleidern auf sich habe. »Ei«, rief der Sohn, als der Alte geendet hatte, »so laß doch die Lumpen, die du anhast, du sollst *meine* Kleider haben!« Rasch befahl er seinem Knechte Irnfried, er möge das Gewand mit den kostbaren Borten und die Kapuze mit dem edlen Pelzbunde herbringen, er meine nicht etwa den filzenen Hut, den möge er hängen lassen. Das alles mußte nun der Vater anlegen und ließ es sich wohl sein, im Innern wieder dem Freunde dankend, der ihm so gut geraten.

Des Morgens, als es hell wurde, hüllte ihm der Sohn das alte Gebein, das vordem fast erfroren war, hinten und vorn und drunten und drüben in die wärmsten Gewänder ein. Dann ging der Alte zur Kirche, und alles staunte, was Wunders ihm widerfahren sein müsse, daß er in wenigen Stunden aus einem Siechen ein so gesunder Mann geworden. Der jüngste Sohn, der noch nicht wußte, was sich zugetragen, suchte ihn überall und fand ihn, als das Amt zu Ende war, endlich in der Nähe des Chores stehen, wo er sein Gebet verrichtet hatte. »Nun aber kommt mit mir zu Eurer Schwiegertochter«, sagte er, »sie hat mir bei ihrer Liebe auf das strengste geboten, Euch mitzubringen, wenn sie mir nicht in alle Ewigkeit gram sein soll.« Er mußte unverzüglich mit, Tor und Tür wurden ihnen weit geöffnet und ein ehrenvoller Empfang bereitet. Die Schwiegertochter nahm ihn sogleich bei den Händen, zog ihn neben sich nieder und verwickelte ihn sofort in ein vertrauliches Gespräch. Zuletzt fragte der Sohn ihn, woher er denn die neuen Kleider bekommen habe? »Meine Brüder müssen Euch beide Gewänder geschenkt haben«, sagte er, »ich erkenn' es an den Borten. Aber ich will, weiß Gott, noch in Erfahrung bringen, was dahinter steckt.« Da rückte der Alte den Gürtel dergestalt, daß ihm der Schlüssel an dem Riemen auf das Bein herabfiel. Kaum wurde der Sohn des silbernen Scheins gewahr, so sagte er: »Ei, laßt doch mich und mein Weib diesen prächtigen Schlüssel betrachten!« Die Tafel war kostbar gedeckt mit allerlei Gerät, Wein, Brot und seinem Wildbret, der Sohn aber ließ das Essen lange stehen und betrachtete immer nur den Schlüssel, den der Alte ihm gereicht, und wie glänzend er gefeilt war. Nach dem Essen konnte er kaum erwarten, daß man das weiße Tischlaken von der Tafel nahm, um endlich nach Belieben Fragen stellen zu können, was es mit diesem Schlüssel sei. Da erzählte ihm der Alte die ganze Geschichte, von der Truhe, den fünf Schlüsseln, und wie jedes der Kinder nach seinem Tode einen davon erhalten solle. Auch verschwieg er nicht, wie es ihm bei den beiden älteren Brüdern ergangen war. »Ei«, sagte der Sohn, »meine Brüder glauben wohl, ich verstünde mich nicht ebenso gut aufs Schachspiel wie sie, daß sie mir hinterlistig den Bauern vorziehen wollten! Lege doch die alten Hadern ab, für dich geziemt sich Scharlach und Hermelin! Ich will dir einen nagelneuen Federhut geben, laß sehen, ob einer meiner Brüder je dergleichen besaß!« Sogleich rief er seiner Magd Prange: »Bring mir von meinem Gestell Gewand, Rock und Mantel her!« und hüllte den Alten sorgsam darin ein.

Indessen war das Gerücht, das niemals ruht, auch zu den beiden Töchtern Jeute und Hilde gedrungen. »Es ist uns ein Schaden und eine Schande,« sagte die eine Tochter zu ihrer Schwester, »daß unsere Brüder uns den Vater abspenstig gemacht und wir bei all dem verborgenen Reichtum das Nachsehen haben«. Kaum mochten sie den nächsten Tag erwarten, um zur Kirche zu kommen. Sie legten ihre festlichsten Gewänder und ihre Pfauenhüte an und erschienen so beim Kirchgang, geputzt und bunt wie Heideblumen. Bald sahen sie auch die Schar ihrer Freunde und inmitten ihren Vater stehen wie einen Bischof, umgeben von seinen Söhnen. Da gab es denn kein Zögern mehr, beide fielen sie sogleich den Alten an und überschütteten ihn mit Vorwürfen, daß er sie hinter seine Söhne stelle und ihrer nicht achte. Während des Amtes wichen sie keinen Schritt breit von seiner Seite, dann schleppten sie ihn mit sich und taten ihm schön, wie es Weiberart ist, herzten und betreuten ihn früh und spät, daß sein Überfluß wie ein Teig aufging; bis er ihnen zuletzt dasselbe sagte, was er auch den Söhnen erzählt hatte. Da wurden sie fröhlich, küßten ihn auf den Bart und behandelten ihn besser, als je ein Vater von seinen Kindern gehalten worden. Sie einigten sich, daß jedes Kind ihn ein Jahr in sein Haus nehmen und nähren und kleiden solle: so konnte er denn fürder in Ehren leben bis an sein Ende.

Als es nun dahin gekommen war und er seinen Tod nahen fühlte, berief er seine Kinder zu sich, dazu vier Bürger und einen Priester, um seinen letzten Willen zu bestellen. »Liebe Kinder,« sprach er, »hier sind vier Bürger und mein hochwürdiger Herr, der Pfarrer, zugegen, redliche und ehrenwerte Leute. Die bitte ich, die Schlüssel so lange zu sich nehmen und zu behalten, bis ich ein christlich Begräbnis in Ehren empfangen habe. Dann nehme Jedes von Euch seinen Schlüssel, gehe hin und öffne im Beisein der Andern die Truhe, das Gut zu teilen. Denn ich fürchte, es möchte vielleicht Streit unter Euch ausbrechen, wenn sie zu früh aufgetan würde, und ich nur mit neuer Last zur Grube fahren«. Damit übergab er ihnen die Schlüssel und starb. Mit großem Gepränge ward er zu Grabe gebracht. Das hätte er wohl entbehren müssen, wäre nicht seines Freundes Rat gewesen: Die Truhe nicht eher öffnen zu lassen, als bis er bestattet sei.

Kaum war die Grabrede zu Ende, so eilten auch schon die Kinder, Männer wie Frauen, zu der Truhe hin und schlossen sie in freudiger Erwartung mit ihren fünf Schlüsseln auf. Der Deckel wurde hochgehoben, da ragte aus der Truhe der Stiel eines großen Schlegels heraus. Sonst war nichts darin. An dem Stiel aber war ein Zettel befestigt, der unter den Anwesenden rasch von Hand zu Hand ging und auf dem geschrieben stand: »Jeder, der reich ist an Ehr' und Gut, aber närrisch genug, daß er all seine Habe seinen Kindern gibt, um selbst in Nöten und Gebresten zu leben, dem soll man zuletzt mit diesem Schlegel das Schädeldach einschlagen, daß ihm das Hirn auf die Zunge fällt, und ihn dann auf einen Rindsanger werfen.« Das war alles. Verdutzt sahen sie eins das andre an, als der Zettel gelesen war, und schlichen sich verlegen und möglichst unauffällig von dannen. So war all ihre Hoffnung wie ein Strohwisch erloschen, unter den Anwesenden aber war keiner, der nicht gemeint hätte, daß ihnen Recht geschehen sei.

Über tredition

Eigenes Buch veröffentlichen

tredition wurde 2006 in Hamburg gegründet und hat seither mehrere tausend Buchtitel veröffentlicht. Autoren veröffentlichen in wenigen leichten Schritten gedruckte Bücher, e-Books und audio-Books. tredition hat das Ziel, die beste und fairste Veröffentlichungsmöglichkeit für Autoren zu bieten.

tredition wurde mit der Erkenntnis gegründet, dass nur etwa jedes 200. bei Verlagen eingereichte Manuskript veröffentlicht wird. Dabei hat jedes Buch seinen Markt, also seine Leser. tredition sorgt dafür, dass für jedes Buch die Leserschaft auch erreicht wird.

Im einzigartigen Literatur-Netzwerk von tredition bieten zahlreiche Literatur-Partner (das sind Lektoren, Übersetzer, Hörbuchsprecher und Illustratoren) ihre Dienstleistung an, um Manuskripte zu verbessern oder die Vielfalt zu erhöhen. Autoren vereinbaren direkt mit den Literatur-Partnern die Konditionen ihrer Zusammenarbeit und partizipieren gemeinsam am Erfolg des Buches.

Das gesamte Verlagsprogramm von tredition ist bei allen stationären Buchhandlungen und Online-Buchhändlern wie z. B. Amazon erhältlich. e-Books stehen bei den führenden Online-Portalen (z. B. iBookstore von Apple oder Kindle von Amazon) zum Verkauf.

Einfach leicht ein Buch veröffentlichen: **www.tredition.de**

Eigene Buchreihe oder eigenen Verlag gründen

Seit 2009 bietet tredition sein Verlagskonzept auch als sogenanntes "White-Label" an. Das bedeutet, dass andere Unternehmen, Institutionen und Personen risikofrei und unkompliziert selbst zum Herausgeber von Büchern und Buchreihen unter eigener Marke werden können. tredition übernimmt dabei das komplette Herstellungs- und Distributionsrisiko.

Zahlreiche Zeitschriften-, Zeitungs- und Buchverlage, Universitäten, Forschungseinrichtungen u.v.m. nutzen diese Dienstleistung von tredition, um unter eigener Marke ohne Risiko Bücher zu verlegen.

Alle Informationen im Internet: **www.tredition.de/fuer-verlage**

tredition wurde mit mehreren Innovationspreisen ausgezeichnet, u. a. mit dem Webfuture Award und dem Innovationspreis der Buch Digitale.

tredition ist Mitglied im Börsenverein des Deutschen Buchhandels.

Dieses Werk elektronisch lesen

Dieses Werk ist Teil der Gutenberg-DE Edition DVD. Diese enthält das komplette Archiv des Projekt Gutenberg-DE. Die DVD ist im Internet erhältlich auf **http://gutenbergshop.abc.de**